AF402940

Un Marathon dont Vous êtes le Héros

Valtrés

Cher lecteur, en vous lançant dans la lecture de ce livre dont vous êtes le héros, vous prenez part à votre propre marathon.

A la fin de chaque chapitre, vous aurez le choix entre plusieurs possibilités représentant des actions que vous feriez dans la réalité. Ces choix vous mèneront à de nouveaux chapitres et vous ouvriront une histoire unique qui sera la vôtre.

Que vous terminiez votre course ou que vous échouiez, repartez du début pour essayer de toujours faire mieux et de découvrir la quarantaine de fins différentes en évitant les pièges des abandons.

A la fin de ce livre, vous trouverez un tableau afin de noter les classements de vos différentes lectures.

Bonne course !

Ce livre dont vous êtes le héros relate des histoires fictives dont les choix que vous ferez ne reflètent pas systématiquement la conduite à tenir lors d'un marathon.
Ce livre ne pousse ni à la triche ni au non-respect du règlement de la FFA.

PROLOGUE

« Non, mais arrête Stéphane ! Tu as trop bu ! »
Vous ne croyez pas un instant ce que votre ami vient de vous dire.
« Mais si, je te jure, je me suis inscrit au marathon de Paris !
- Toi qui n'as jamais couru plus de 5km, c'est impossible ! lui répondez-vous.
- C'est sûr que pour toi, c'est inimaginable ! vous rétorque-t-il.
- Qu'est-ce que tu veux dire par là ??? Moi aussi, je serais capable de courir un marathon !
Vous terminez votre verre et appelez le serveur pour en commander un autre.
- Et bien, trinquons à notre future course ! lancez-vous comme un défi à votre ami.

Vous n'aviez jamais songé à courir une telle distance mais vous sentez une certaine excitation à mener à bien ce projet…ou peut-être est-ce l'alcool !
Rendez-vous au **chapitre 1**.

1

Vous vous réveillez avec un mal de tête carabiné et il vous est impossible d'ouvrir complètement vos yeux. Vous restez allongé sur votre lit, essayant de vous remémorer la soirée de la veille.

Le son d'un message sur votre téléphone vous sort de votre torpeur. Vous le récupérez avec difficulté et entrouvrez votre œil droit pour lire votre SMS :

STEPHANE « Alors, tu t'es inscrit ? »

Cela vous revient, vous avez eu l'orgueil mal placé de vouloir vous inscrire au marathon de Paris.

Mais vous vous dites que vous n'avez pas encore payé l'inscription et qu'il est encore temps de faire machine arrière.

Si vous vous dites que finalement c'était une très mauvaise idée, rendez-vous au **chapitre 296**.

Si vous assumez vos propos et voulez montrer que vous êtes capable de courir un marathon, rendez-vous au **chapitre 340**.

2

Vous augmentez vos entrainements mais au bout de quelques jours vous ressentez une douleur au mollet gauche. Vous êtes tout proche du jour du marathon et vous hésitez quant à la décision à prendre.

Si vous choisissez de prendre rendez-vous chez un médecin, rendez-vous au **chapitre 349**.

Si vous décidez de prendre plusieurs jours de repos, rendez-vous au **chapitre 195**.

Si vous préférez continuer normalement votre entrainement, rendez-vous au **chapitre 223**.

3

Mais pour courir le marathon en moins de 2h, vous vous dites qu'il va peut-être falloir commencer par changer de chaussures de course. En effet, vous portez toujours vos chaussures de sport du lycée et elles ne sont sans doute plus adaptées à la course rapide.

Si vous décidez de vous acheter le tout dernier modèle de chaussures de course, rendez-vous au **chapitre 100**.

Si vous vous dites que vos chaussures actuelles sont suffisantes car ce n'est pas la chaussure qui fait le coureur, rendez-vous au **chapitre 328**.

4

Le public vous porte dans cette dernière ligne droite qui vous semble interminable. Vous parvenez tout de même à accélérer jusqu'à franchir la ligne d'arrivée.

Vous levez la tête pour regarder le chrono de l'organisation.

Vous terminez ce marathon en 2h16.

5

Il ne reste plus que deux kilomètres lorsque vous enlevez d'un geste rapide votre chaussure dans laquelle il y a un caillou. Quelques dizaines de mètres plus tard, vous sentez votre voute plantaire souffrir. Votre pied chauffe de plus en plus au contact du bitume mais vous résistez dans ces dernières minutes d'effort.

Vous arrivez enfin dans la dernière ligne droite et vous vous demandez pourquoi vous ne vous êtes pas arrêté pour enlever le caillou au lieu de courir pied nu, mais il est trop tard pour regretter.

Rendez-vous au **chapitre 435.**

6

En plus du repos complet, vous profitez culinairement de la région en vous faisant plaisir avec de gros et bons repas.

Vous revenez de cette semaine de vacances avec 5kg de plus. Les quelques entrainements qui vous séparent de votre marathon sont difficiles, vous fatiguez plus rapidement et vous vous sentez lourd.

Vos sensations sont très mauvaises mais il est maintenant trop tard pour que cela change.

Rendez-vous au **chapitre 185** pour prendre le départ de votre marathon.

7

Vous commencez à marcher sur quelques mètres puis recourez en reprenant votre allure normale. Finalement, vous courez beaucoup plus que vous ne marchez et vous retrouvez des forces lorsque vous passez le panneau qui indique le dernier kilomètre. Votre mental vous porte et vous ne marchez plus et parvenez même à terminer en accélérant.

Vous arrivez dans la dernière ligne droite, rendez-vous au **chapitre 191.**

8

Vous restez avec votre groupe de coureurs en vous disant qu'il est encore trop tôt pour accélérer. La course est encore longue !

En arrivant au ravitaillement du 10ᵉ km, vous apercevez votre femme qui vous appelle. Vous êtes heureux de la voir.

Si vous décidez de prendre quelques instants pour aller la voir, rendez-vous au **chapitre 362.**

Si vous préférez juste lui faire signe sans vous arrêter, rendez-vous au **chapitre 405.**

9

Les jours et les semaines s'enchainent et vous êtes surpris de votre capacité à enchainer les entrainements. Vous sentez votre progression fulgurante et touchez du doigt votre objectif : courir le marathon en moins de 2h.

C'est alors qu'un soir, vous recevez l'appel de votre meilleur ami qui vous apprend qu'il va se marier. Quelle joie !

Mais vous blêmissez lorsqu'il vous donne la date de son mariage : ce sera la veille de votre marathon.

Vous prenez quelques jours de réflexion avant de lui donner votre réponse.

Si vous décidez de ne pas aller au mariage pour vous consacrer pleinement à votre marathon, rendez-vous au **chapitre 115.**

Si vous choisissez d'y aller en vous faisant la promesse de ne pas boire d'alcool et de rentrer tôt, rendez-vous au **chapitre 260.**

Si vous voulez profiter à fond du mariage de votre meilleur ami en rentrant tard et en picolant, rendez-vous au **chapitre 146.**

10

Vous ralentissez pour rester à son rythme. Lors de vos derniers kilomètres, vous alternez marche et course tout en discutant et en l'encourageant. Même si vous perdez du temps, vous êtes heureux de pouvoir partager ces dernières minutes de course avec quelqu'un d'autre.

Vous arrivez dans la dernière ligne droite.

Rendez-vous au **chapitre 134.**

11

Vous jetez un coup d'œil à votre concurrent et constatez qu'il semble être dans la zone rouge. Vous accélérez brusquement pour ne pas qu'il puisse prendre votre foulée.

Au bout de quelques instants d'efforts extrêmes, vous vous retournez et observez qu'il n'a pas pu vous suivre.

Malheureusement, cette accélération était trop brutale et vous vous sentez vidé de toute votre énergie. Vous n'arrivez plus à maintenir ce rythme et même continuer de courir vous semble impossible.

Alors que vous entrez dans le dernier kilomètre, le premier français vous rattrape. Vous êtes quasiment à une allure de footing pour arriver dans la dernière ligne droite.

Rendez-vous au **chapitre 4.**

12

Vous courez aussi vite que vous pouvez. Vous sentez que cela permet de vous libérer de votre rage enfouie en vous. Au bout de quelques minutes, vous reprenez votre allure normale de course.

Alors que vous avez trouvé un groupe avec qui rester, un des coureurs à vos côtés semble faire un malaise.

Si vous décidez de l'aider, rendez-vous au **chapitre 299.**

Si vous préférez continuer de courir, rendez-vous au **chapitre 181.**

13

Vous partez pour le footing prévu dans votre programme d'entrainement. Vous vous dites que cela va permettre à vos chaussures de se faire à vos pieds.

Votre esprit s'évade et vous vous imaginez en train de courir le marathon, la foulée souple et la respiration facile. Mais vous n'êtes plus attentif à vos appuis et vous ne pouvez éviter une racine sur laquelle votre cheville vrille. La douleur est violente, insoutenable.

Vous vous allongez au sol quelques instants.

Vous rentrez chez vous en boitant, impossible de poser le pied blessé au sol.

Rendez-vous au **chapitre 223.**

14

Vous lui dites non avec un geste de la main. Il s'éloigne de vous, visiblement vexé de votre réponse.

Vous arrivez sur un boulevard où vous croisez, de l'autre côté de la route en sens inverse, des coureurs qui ont du retard sur vous. Vous apercevez alors un concurrent couper pour venir vous rejoindre.

Si vous décidez de lui dire de repartir pour ne pas tricher, rendez-vous au **chapitre 150.**

Si vous préférez ne rien dire, rendez-vous au **chapitre 107.**

15

Vous laissez Stéphane partir seul dans le sas 4h en vous disant que de toute façon au bout de quelques minutes chacun aurait pris son allure. Le départ va être donné dans quelques minutes et vous portez un pull et un survêtement car il fait encore frais ce matin.

Si vous décidez de les jeter pour vous mettre en short et t-shirt, rendez-vous au **chapitre 194.**

Si vous préférez les garder, rendez-vous au **chapitre 199.**

16

Après quelques recherches sur internet, vous parvenez à mettre la main sur un plan d'entrainement d'un coureur professionnel qui a un record en 2h08. Vous vous dites que c'est déjà un bon début même si ses performances sont en-deçà de votre objectif…

En continuant vos recherches sur internet, vous tombez sur des articles parlant des étirements. Certains sont contradictoires et vous ne savez pas quelle méthode employer.

Si vous décidez de ne jamais vous étirer, rendez-vous au **chapitre 102.**

Si vous pensez vous étirer 2 à 3 fois par semaine, rendez-vous au **chapitre 190.**

Si vous choisissez de vous étirer tous les jours, rendez-vous au **chapitre 200.**

17

Vous passez le panneau du semi-marathon. Vous jetez un coup d'œil à votre montre : 2h15.

Juste après ce panneau, vous arrivez sur un ravitaillement. Vous êtes surpris de voir le meneur d'allure 4h30 s'y arrêter.

Si vous décidez de l'attendre, rendez-vous au **chapitre 45.**

Si vous préférez continuer sans l'attendre, rendez-vous au **chapitre 265.**

18

Vous attendez de longues minutes avant de voir arriver le meneur d'allure 5h. Vous sentez que vous vous êtes refroidi lorsque vous repartez dans ce groupe.

Le rythme est plus lent que ce que vous imaginiez et vous en profitez pour discuter avec les coureurs autour de vous.

Alors que vous vous entendez très bien avec un des concurrents, il vous propose de continuer de courir ensemble, jusqu'à l'arrivée, mais vous sentez qu'il commence à ralentir.

Si vous décidez de rester avec lui, rendez-vous au **chapitre 138.**

Si vous préférez accélérer pour le laisser seul, rendez-vous au **chapitre 237.**

19

Il ne reste plus que quelques secondes avant le départ…
PAN !

Vous sentez immédiatement une pression derrière vous et vous vous dites que si vous ne partez pas dans l'instant, vous vous ferez piétiner. Mais votre intention est bien de partir vite pour rattraper le lièvre que vous avez payé 5 000€.

Vous sprintez pour vous replacer mais vous perdez l'équilibre en essayant de doubler un coureur élite. Vous chutez lourdement sur le sol. Vous tentez de vous relever rapidement mais votre cheville gauche vous interdit de continuer.

Votre marathon s'arrête là, au bout de seulement 100m de course et en plus vous avez perdu 5 000€ !

20

Vous franchissez la ligne d'arrivée sans même avoir pu recourir.

Vous regardez votre chrono : 3h18.

Vous vous dites que vous pourrez faire mieux la prochaine fois en évitant tous les pièges de la préparation et de la course !

21

Vous prenez quelques instants supplémentaires pour vous arrêter et prendre le temps de refaire votre lacet.

Vous repartez pour le dernier kilomètre de votre course. Vous profitez de ces dernières minutes avant d'arriver dans la dernière ligne droite.

Rendez-vous au **chapitre 44.**

22

Vous partez pour réaliser la séance prévue mais au bout de quelques minutes, vous ne vous sentez pas bien, vous avez des vertiges et envie de vomir. Vous avez juste le temps de vous arrêter et de vous allonger au sol avant de perdre connaissance.

Une fois réveillé, vous décidez de rentrer chez vous en marchant.

Votre médecin vous interdit de continuer. A cause de votre carence alimentaire vous êtes trop faible pour continuer votre préparation marathon.

Votre aventure s'arrête là.

23

Vous laissez partir le groupe et vous restez calé sur votre rythme actuel pour ne pas vous mettre dans la zone rouge.

Quelques minutes plus tard, un autre groupe vous rattrape. Il y a peu de différence de vitesse avec la vôtre et vous prenez la foulée d'un des coureurs sans faire un gros effort.

Vous restez dans ce groupe pendant plusieurs kilomètres en restant concentré sur votre respiration et votre foulée.

Mais, soudain, vous sentez comme un petit caillou, dans votre chaussure, qui vous gêne.

Si vous décidez de vous arrêter, rendez-vous au **chapitre 78.**

Si vous préférez continuer de courir, rendez-vous au **chapitre 70.**

24

Le lendemain, vous enfilez vos chaussures et repartez pour une nouvelle séance difficile. Vous vous sentez en forme et vous êtes optimiste pour ce nouvel entrainement.

Mais quelques dizaines de minutes plus tard, en rentrant chez vous, votre moral est au plus bas. En effet, vous poussez la porte de votre maison en boitillant. En courant, vous avez ressenti une lourde décharge électrique au mollet et vous ne pouvez maintenant plus vous appuyer sur cette jambe.

Rendez-vous au **chapitre 223.**

25

Vous allez jusqu'à elle.

Dès les premiers mots échangés, le courant passe très bien entre vous, comme si vous vous connaissiez depuis toujours. Vous sentez des papillons dans votre ventre mais vous avez une course à finir. Vous lui demandez son numéro de téléphone mais vous n'avez rien pour le noter et vous avez peur qu'elle ne vous rappelle pas si vous lui donne le vôtre.

Si vous décidez de tout de même de lui donner votre numéro et de reprendre la course, rendez-vous au **chapitre 287.**

Si vous préférez arrêter votre marathon pour partir tout de suite avec elle car l'amour n'attend pas, rendez-vous au **chapitre 64.**

26

Vous finissez à votre rythme en parvenant même à profiter des derniers instants de votre course.

Vous arrivez dans la dernière ligne droite.

Rendez-vous au **chapitre 318.**

27

Vous trouvez un programme d'entrainement sur un site spécialisé dans la course à pied.

En continuant vos recherches sur internet, vous tombez sur des articles parlant des étirements. Certains sont contradictoires et vous ne savez pas quelle méthode employer.

Si vous décidez de ne jamais vous étirer, rendez-vous au **chapitre 102.**

Si vous choisissez de vous étirer tous les jours, rendez-vous au **chapitre 109**.

28

En publiant vos séances, vous remarquez que d'autres coureurs utilisent une plateforme pour enregistrer et partager leurs entrainements : Strava.

Vous essayez et tombez immédiatement amoureux de cette nouvelle application. Vous passez des heures à explorer les segments autour de chez vous avant d'en choisir un qui vous parait faisable. Vous enfilez vos chaussures avec un seul objectif : devenir le KOM (King Of Mountain) de ce segment !

Vous rentrez un peu plus tard, exténué. Vous ressentez une douleur à la cuisse mais vous ne pensez qu'à une chose : vérifier si vous avez obtenu le record. Vous ne voyez pas comment le titre de KOM pourrait vous échapper.

Alors que vous êtes confiant, vous découvrez que vous avez terminé 124e sur 150. Vous êtes dépité…

Le lendemain, votre cuisse vous fait toujours souffrir, rendez-vous au **chapitre 223.**

29

Au bout de quelques semaines de renforcement musculaire, vous ne ressentez aucune fatigue, douleur ou blessure. Votre moral est au beau fixe et vous réalisez de belles performances pendant vos entrainements.

A quelques semaines de votre course, vous vous dites que vous ne courrez pas seulement pour finir mais pour performer car vous vous en sentez capable.

Rendez-vous au **chapitre 172** pour prendre le départ du marathon.

30

Plutôt que de retrouver les autres coureurs du club sur la piste, vous partez sur les chemins pour un petit footing et pour tester votre mollet.

Le contact avec la nature et le vent dans les feuilles vous font oublier votre douleur au mollet. Votre esprit s'évade et vous vous imaginez en train de courir le marathon, la foulée souple et la respiration facile. Mais vous n'êtes plus attentif à vos appuis et vous ne pouvez éviter une racine sur laquelle votre cheville vrille. La douleur est violente, insoutenable. Vous vous allongez au sol quelques instants.

Vous rentrez chez vous en boitillant, impossible de poser le pied blessé au sol.

Rendez-vous au **chapitre 223.**

31

Vous passez la ligne d'arrivée, heureux d'en terminer.

Vous regardez votre chrono : 6h04.

Vous vous dites que vous pourrez faire mieux la prochaine fois en évitant tous les pièges de la préparation et de la course !

32

Vous restez concentré sur votre foulée pour ne pas perdre de terrain sur le groupe de tête.

Au bout de quelques minutes, cette désagréable sensation de jambes lourdes est miraculeusement passée. Vous vous sentez de nouveau en forme pour cette deuxième partie de course.

Vous arrivez au semi-marathon, rendez-vous au **chapitre 363.**

33

Vous revenez de la soirée avant minuit sans avoir bu une seule goutte d'alcool. Vous êtes fier d'avoir résisté à vos amis qui vous suppliaient de rester encore quelques heures.

Le lendemain, au réveil, vous vous sentez prêt et excité à l'idée de prendre le départ du marathon, rendez-vous au **chapitre 172.**

34

Au moment où vous franchissez la ligne d'arrivée, l'appui suivant provoque de nouveau une crampe. Mais maintenant, ça n'a plus d'importance. Vous vous asseyez pour étirer votre mollet.
Vous regardez votre chrono : 2h20.

35

Après votre choix pour la course à pied, elle décide de faire ses valises pour partir dans sa famille.
Pour ne pas être submergé par la tristesse et ne pas regretter votre décision, vous vous plongez d'autant plus dans vos séances d'entrainement. Vous vous dites que maintenant, vous avez tout le temps que vous voulez pour courir !
Les semaines se suivent et vous avez pu vous entrainer au mieux pour votre course. Vos chronos à l'entrainement ont réellement progressé. Vous vous rendez compte que vous pouvez espérer battre le record du monde du marathon !
Le jour du marathon arrive enfin, rendez-vous au **chapitre 317.**

36

Une fois arrivé au magasin spécialisé en course à pied, vous découvrez tout un tas d'équipement intéressant pour votre pratique. Vous ressortez avec les meilleures chaussures, mais pas seulement ! Vous avez à peine assez de place pour tout ranger dans votre coffre de voiture.
En arrivant chez vous, vous vous rendez compte que vous avez mal géré votre budget car en faisant vos comptes, vous vous apercevez que vous n'avez plus assez d'argent pour faire le déplacement et payer le logement pour vous rendre au marathon de Paris.
Si vous décidez d'annuler vos prochaines vacances pour économiser de l'argent, rendez-vous au **chapitre 286.**
Si vous choisissez de manger des pommes de terre pendant les deux prochains mois, rendez-vous au **chapitre 154.**
Si vous préférez vendre votre télévision quasiment neuve, rendez-vous au **chapitre 270.**

37

Vous continuez de suivre votre programme d'entrainement sans hésiter à l'adapter s'il le faut. D'ailleurs, ces dernières semaines, vous sentant à l'aise dans vos séances, vous avez décidé d'augmenter la difficulté de vos séances.

A quelques semaines de votre course, vous êtes en forme et vous vous dites que vous n'allez pas courir seulement pour terminer mais que vous êtes maintenant capable de performer.

Rendez-vous au **chapitre 172** pour prendre le départ du marathon.

38

Vous courez depuis quelques kilomètres en vous fiant uniquement à vos sensations. Alors que vous semblez avoir trouvé votre allure, un point de côté commence à vous gêner.

Si vous décidez de ramasser un caillou pour le serrer dans votre main en continuant de courir, rendez-vous au **chapitre 184.**

Si vous choisissez de marcher, rendez-vous au **chapitre 436.**

Si vous préférez appuyer avec vos doigts là où vous avez mal tout en continuant de courir, rendez-vous au **chapitre 82.**

39

Vous refusez sa proposition. Alors qu'il s'éloigne de vous, vous sentez votre foulée s'alourdir brusquement. Les derniers kilomètres sont un vrai calvaire mais vous parvenez à ne pas faiblir.

Vous arrivez enfin dans le dernier kilomètre de la course.

Si vous décidez de finir à fond, rendez-vous au **chapitre 95.**

Si vous préférez rester dans votre zone de confort pour profiter pleinement de cette fin de course, rendez-vous au **chapitre 26.**

40

Vous essayez de vous centrer uniquement sur vous et vos sensations. Finalement, même si le bruit de la respiration est toujours aussi fort, vous parvenez à vous y faire.

Vous arrivez au ravitaillement suivant, la chaleur est de plus en plus présente. Plusieurs gobelets sont alignés sur les tables. Vous avez envie de vous en renverser un sur la tête.

Si vous décidez de prendre celui de gauche, rendez-vous au **chapitre 152.**

Si vous choisissez celui de droite, rendez-vous au **chapitre 418.**

Si vous préférez ne pas prendre de gobelet, rendez-vous au **chapitre 104.**

41

Vous parvenez à accélérer malgré tous les efforts que cela vous demande. Vous ne savez pas si vous allez pouvoir tenir toute cette fin de course à cette vitesse mais au moins vous n'entendez plus le bruit de la respiration du coureur qui est maintenant loin derrière vous.

Vous arrivez alors sur une partie du parcours où vous croisez des coureurs qui semblent être en avance sur vous.

Si vous décidez de couper, rendez-vous au **chapitre 443.**

Si vous préférez ne pas couper, rendez-vous au **chapitre 192.**

42

Vous ne pensez plus à la course, à vos sensations, vous vous laissez emporter par le rythme des musiques que vous écoutez. Vous passez ainsi à côté des ravitaillements sans les prendre, sans même les voir.

Au 15ᵉ km, vous sortez de votre léthargie lorsque vos sensations vous hurlent que rien ne va plus. Vous vous rendez alors compte que vous n'avez plus de force, vos jambes sont lourdes, vous avez la tête qui tourne. Vous ralentissez puis marchez jusqu'au ravitaillement suivant. Vous vous y arrêtez et prenez le temps de vous nourrir et de vous hydrater.

Au bout de quelques minutes, vos sensations sont meilleures.

Si vous décidez de continuer à écouter de la musique, rendez-vous au **chapitre 415.**

Si vous préférez arrêter d'écouter votre musique, rendez-vous au **chapitre 322.**

43

Vous ralentissez progressivement, acceptant que des dizaines de coureurs vous doublent.

Au bout de quelques minutes, vous commencez à avoir soif et vous ne voyez aucun ravitaillement arriver. C'est alors qu'un spectateur vous tend une bouteille.

Si vous décidez de la prendre, rendez-vous au **chapitre 168.**

Si vous préférez ne pas boire, rendez-vous au **chapitre 352.**

44

Vous passez la ligne d'arrivée, heureux d'en terminer.

Vous regardez votre chrono : 3h53.

Vous vous dites que vous pourrez faire mieux la prochaine fois en évitant tous les pièges de la préparation et de la course !

45

Vous attendez votre meneur d'allure qui s'est arrêté au ravitaillement. Alors que vous en profitez pour vous alimenter, vous perdez de vue le meneur 4h30. Vous le cherchez pendant quelques instants avant qu'un des bénévoles vous informe qu'il a dû abandonner.

Vous êtes un peu perdu.

Si vous décidez d'attendre le prochain meneur d'allure, rendez-vous au **chapitre 18.**

Si vous préférez repartir seul, rendez-vous au **chapitre 206.**

46

Vous prenez votre rythme.

Au bout de quelques minutes, sans forcer, vous commencez à doubler de plus en plus de concurrents. Des marcheurs d'abord, puis des coureurs.

Quelques instants plus tard, vous commencez à avoir la gorge sèche et vous apercevez un ravitaillement devant vous.

Si vous décidez de boire plusieurs verres d'eau, rendez-vous au **chapitre 75.**

Si vous préférez boire juste une gorgée, rendez-vous au **chapitre 198.**

47

Vous accélérez brutalement pour tenter de rejoindre le groupe de tête. Vous sentez que vous êtes à la limite d'exploser mais vous parvenez à revenir dans leurs foulées. Vous tentez, avec difficultés, de faire redescendre votre rythme cardiaque.

Sur les kilomètres suivants, vous commencez à sentir vos forces qui vous quittent. Vous luttez pour rester derrière les lièvres jusqu'à ce que vous ne puissiez plus tenir. Vous êtes obligé de ralentir pour ne pas vous arrêter. Vous laissez partir les coureurs élites avec regret, et de plus en plus de concurrents vous doublent.

Vous arrivez au semi-marathon, mais vous n'êtes plus sur les bases de moins de 2h au marathon, rendez-vous au **chapitre 89.**

48

Vous essayez de vous reconcentrer sur votre course mais vous n'avez en tête que ce concurrent.

Vous en oubliez de prendre quelque chose à boire ou à manger au ravitaillement suivant.

Malheureusement, quelques minutes plus tard, vous commencez à avoir la tête qui tourne et vous perdez parfois l'équilibre. Vous sentez que vous ne pouvez plus courir.

Vous vous arrêtez et vous asseyez sur le trottoir. Vous comprenez que votre course est terminée.

Votre marathon s'arrête là.

49

Vous gardez votre rythme en restant avec le groupe du meneur d'allure.

Quelques kilomètres plus tard, juste avant le semi-marathon, vous êtes surpris de voir Stéphane, arrêté sur le bord de la route. Vous ralentissez pour lui parler mais il vous fait signe de continuer en vous expliquant qu'il va abandonner.

Si vous décidez de continuer de courir, rendez-vous au **chapitre 17.**

Si vous préférez vous arrêter pour remotiver Stéphane, rendez-vous au **chapitre 208.**

50

Vous passez le ravitaillement sans rien prendre. Les autres coureurs autour de vous se sont tous précipités sur les tables pour avaler soit des fruits secs, soit des boissons sucrées.

Jusque là, vous vous sentiez bien et vous n'aviez pas envie de boire ou manger quelque chose.

Quelques kilomètres plus loin, vous arrivez au ravitaillement suivant où vous vous rassasiez avec un verre de coca et un carré de chocolat.

Naturellement, vous accélérez et vous rattrapez, juste avant le semi-marathon, le meneur d'allure 2h45.

Rendez-vous au **chapitre 162.**

51

Vous trouvez un bar dans une rue adjacente.

Vous demandez poliment au serveur si vous pouvez utiliser ses toilettes. Il accepte sans difficulté.

Vous ressortez quelques minutes plus tard, léger et libéré. Vous êtes maintenant prêt à courir et vous êtes plus confiant qu'il y a quelques instants.

Vous revenez vous placer parmi la foule de coureurs mais en refaisant vos lacets, vous vous rendez compte que vous avez n'avez plus votre dossard. Vous avez dû le faire tomber dans le bar.

Si vous décidez de retourner au bar pour le récupérer, rendez-vous au **chapitre 404.**

Si vous préférez courir sans dossard, rendez-vous au **chapitre 389.**

52

Vous faites seulement un petit footing de 20 minutes pour vous dégourdir les jambes et évacuer le stress de la course. Vous vous sentez en forme pour votre course.

Rendez-vous au **chapitre 172** pour le départ de votre marathon.

53

Tout en courant, vous parvenez à faire glisser le caillou en bougeant vos orteils à l'intérieur de votre chaussure. Il se cale dans un coin qui ne vous gêne pas. Au bout de quelques instants, vous ne le sentez même plus.

Vous arrivez au dernier ravitaillement avant la fin de la course. Vous avez besoin de manger quelque chose mais rien ne vous donne envie. Vous avez l'impression qu'aucune nourriture ne passera et que vous vomirez.

Si vous décidez de prendre quelque chose à manger, malgré tout, rendez-vous au **chapitre 128.**

Si vous préférez prendre juste quelque chose à boire, rendez-vous au **chapitre 314.**

54

Vous faites une coupure complète pendant deux semaines pour être sûr d'évacuer la fatigue accumulée et pouvoir repartir du bon pied.

A la fin de votre période de repos, vous vous sentez beaucoup mieux mais vous savez au fond de vous que vous auriez pu reprendre l'entrainement plus tôt.

Vous êtes maintenant tout proche de votre marathon et malgré les footings réalisés ces dernières semaines, vous savez que vous n'avez pas mis toutes les chances de votre côté pour vous préparer au mieux à cette course.

Rendez-vous au **chapitre 185** pour prendre le départ du marathon.

55

Vous prenez rapidement un verre de boisson énergétique et un morceau d'orange. Vous sentez immédiatement un effet positif sur votre énergie. Vous vous sentez prêt à affronter le reste de la course.

Mais les kilomètres défilent de plus en plus lentement et au 15e km, vous sentez arriver la fatigue musculaire.

Si vous décidez de ralentir un peu quitte à perdre le contact avec le groupe de tête, rendez-vous au **chapitre 257.**

Si vous préférez faire l'effort de rester dans la foulée des lièvres, rendez-vous au **chapitre 32.**

56

Une fois placé dans le sas 3h30, vous sentez quelqu'un vous taper sur l'épaule.

« Hey ! j'ai eu du mal à te retrouver ! vous crie Stéphane dans les oreilles.

 Je n'étais pas sûr que tu viennes.

 Bien sûr que si ! Mais 3h30, ça risque d'être trop rapide pour moi. Je vais aller dans le sas de 4h. Tu viens avec moi ?

Si vous décidez de le suivre dans le sas 4h, rendez-vous au **chapitre 225.**

Si vous préférez rester dans le sas 3h30, rendez-vous au **chapitre 15.**

57

Vous restez dans le groupe du meneur d'allure 4h. Vous vous sentez bien à cette vitesse.

Soudain, vous entendez un spectateur vous encourager avec beaucoup d'entrain. Vous vous retournez pour le remercier et votre regard tombe sur une personne magnifique qui sourit et vous fait signe.

Si vous décidez d'aller la voir, rendez-vous au **chapitre 25.**

Si vous préférez continuer de courir, rendez-vous au **chapitre 414.**

58

Vous conservez la même vitesse mais vous augmentez votre cadence et réduisez votre foulée pour moins pousser à chaque appui. Vous êtes surpris de constater que cela fonctionne. A chaque fois que votre pied touche le sol, vous sentez que vous êtes de nouveau à la limite de la crampe mais cela vous permet de rallier la ligne d'arrivée sans perdre de temps.

Rendez-vous au **chapitre 34.**

59

Vous ralentissez légèrement pour vous caler dans le groupe de tête. Vous vous tournez pour voir combien il reste de coureurs. En vous comptant, vous êtes encore huit à pouvoir rester dans la foulée des lièvres. Mais vous savez que votre objectif n'est pas seulement de gagner cette course, vous voulez battre le record du monde ! Vous comptez patienter au moins jusqu'au semi-marathon avant d'accélérer.

Vous approchez des 21km de course, rendez-vous au **chapitre 363.**

60

Vous vous arrêtez pour vous étirer longuement, très longuement. Trop longuement, peut-être.

Lorsque vous repartez, vous vous rendez compte que vous êtes dernier de la course, en voyant la voiture balai juste derrière vous.

Votre moral est au plus bas, vous n'avez plus l'envie de continuer.

Vous vous arrêtez et arrachez votre dossard.

Votre marathon s'arrête là.

61

Vous interpelez un des lièvres que vous sentez déjà concentré sur le travail qu'il a à réaliser.

« Salut, mon but est de courir en moins de 2h. Tu peux m'emmener sur cette base jusqu'au semi ? »

Il est surpris par votre demande et semble hésiter avant de vous répondre.

« C'est faisable, mais c'est 5 000€. »

Vous n'aviez pas pensé à ça. Vous n'êtes pas sûr de quel choix faire mais il faut vous hâter car le départ va être donné.

Si vous acceptez de payer les 5 000€, rendez-vous **chapitre 19.**

Si vous préférez décliner l'offre, rendez-vous au **chapitre 215.**

62

Vous vous éclatez avec vos amis autour d'un match de foot. Vous êtes heureux de ne plus penser à la course mais vous avez l'impression d'utiliser des muscles qui n'ont pas l'habitude de travailler quand vous courez, ou tout du moins pas de la même manière.

Vous terminez la journée avec des muscles épuisés.

Le lendemain, au réveil, vous avez des courbatures. Vous vous dites qu'il y avait peut-être mieux à faire la veille d'un marathon que de jouer au foot.

Rendez-vous au **chapitre 185** pour le départ de votre marathon.

63

Les jours et les semaines s'enchainent et vous vous sentez de mieux en mieux. Vos progrès sont inespérés et votre vitesse de course a largement augmenté grâce à votre programme d'entrainement.

Vous vous rapprochez de la date de votre marathon. Stéphane vous appelle pour vous dire qu'il s'est inscrit au semi-marathon qui se déroule dans votre ville une semaine avant votre objectif. Il compte bien vous y retrouver pour vous battre.

Si vous décidez de vous y inscrire et de montrer à votre ami ce dont vous êtes capable, rendez-vous au **chapitre 139.**

Si vous décidez d'y participer mais seulement en tant qu'entrainement, rendez-vous au **chapitre 365.**

Si vous préférez décliner son invitation, rendez-vous au **chapitre 428.**

64

Vous arrachez votre dossard et partez, le sourire aux lèvres, avec votre nouvelle âme sœur.

Vous ne regrettez pas du tout votre choix car vous vivez une belle histoire amour. Vous savez que vous pourrez de nouveau courir un marathon n'importe quand…et peut être que vous ne le courrez pas tout seul.

65

Vous accélérez brutalement pour distancer ce groupe de coureurs avec la première féminine.

Malheureusement, votre accélération est trop brutale et vous n'arrivez pas à l'encaisser. Vous êtes mis dans le rouge et vous ralentissez malgré vos efforts.

Le groupe de coureurs que vous vouliez laisser derrière vous, vous dépasse sans difficulté.

Il vous faut quelques kilomètres pour récupérer et retrouver une allure qui vous parait convenable.

Quelques minutes plus tard, vous courez sur un boulevard où vous croisez, dans l'autre sens, des coureurs qui ont du retard sur vous. C'est alors que vous observez un concurrent de l'autre côté, couper la route pour se retrouver dans votre sens et ainsi gagner de nombreux kilomètres.

Si vous décidez d'aller lui demander de retourner d'où il vient, rendez-vous au **chapitre 167.**

Si vous préférez ne rien dire, rendez-vous au **chapitre 410.**

66

Vous maintenez votre rythme mais vous vous retrouvez isolé. Les sensations sont de plus en plus mauvaises ; votre foulée est de plus en plus lourde, vous avez des difficultés à lever les genoux.

Si vous décidez de forcer et de vous faire mal pour les derniers kilomètres, rendez-vous au **chapitre 346.**

Si vous préférez finir aux sensations pour profiter des derniers kilomètres sans être dans la douleur, rendez-vous au **chapitre 67.**

67

Dans les tous derniers kilomètres de votre marathon, vous conservez une allure dans votre zone de confort. Evidemment, au bout de 40km de course, vous avez les muscles qui vous brulent et vos articulations qui vous font souffrir mais rien d'insupportable et vous n'avez pas envie de vous mettre dans le rouge.

Vous arrivez dans la dernière ligne droite, vous apercevez enfin la ligne d'arrivée.

Rendez-vous au **chapitre 354.**

68

Vous restez chez vous à vous reposer la veille de votre course.

Mais à ne rien faire, vous commencez à douter de vos capacités à réussir une performance sur le marathon. Au final, vous vous dites que pour un premier marathon, ce serait déjà bien de le finir.

Vous partirez donc avec cet objectif le lendemain.

Rendez-vous au **chapitre 185** pour prendre le départ du marathon.

69

Alors que vous allez vous placer derrière la ligne de départ avec tous les autres coureurs, vous regardez votre montre et constatez qu'il vous reste encore du temps avant le début de la course.

Vous vous dites qu'il ne serait pas sage de commencer votre marathon sans un bon échauffement ; surtout quand on a l'ambition de courir en moins de 2h ! Mais vous hésitez : est-ce que vous pourrez vous placer juste derrière la zone protégée si vous partez courir ?…

Si vous décidez d'aller vous échauffer quelques minutes, rendez-vous au **chapitre 304.**

Si vous préférez vous placer tout de suite parmi les autres coureurs, rendez-vous au **chapitre 311.**

70

Au fur et à mesure de la course, vous sentez que le caillou vous cisaille de plus en plus le pied. La gêne devient une douleur vraiment désagréable.

Au bout de quelques kilomètres, vous avez des difficultés à poser votre pied normalement. Vous vous rendez compte que vous boitez et vous n'êtes plus capable de suivre les coureurs avec vous.

Finalement, la douleur devient insupportable. Vous vous arrêtez et enlevez votre chaussure. Votre pied est en sang. Vous comprenez que vous ne pourrez pas repartir.

Votre course s'arrête là.

71

Vous acceptez.

Il vous tend le micro et vous pose des questions banales pour savoir pourquoi vous vous êtes lancé sur cette course, quelles sont vos sensations, …

Malheureusement, vous vous déconcentrez et trébuchez. Vous chutez lourdement au sol. La moto avec le journaliste ne prend pas le temps de s'arrêter et continue de rouler à la recherche d'une nouvelle personne à interroger.

Il vous faut quelques instants pour reprendre vos esprits. En vous relevant, vous constatez que vous n'avez rien de grave et vous parvenez à repartir en courant.

Quelques kilomètres plus tard, vous vous rendez compte qu'un de vos lacets est défait.

Si vous décidez de vous arrêter pour le refaire, rendez-vous au **chapitre 124.**

Si vous préférez ne pas vous arrêter, rendez-vous au **chapitre 125.**

72

Entre deux respirations rapides, vous lui soufflez votre proposition de terminer ensemble. Il acquiesce, sentant qu'il est, lui aussi, dans la zone rouge et qu'il ne serait pas capable de résister à une accélération. Vous terminez les dernières minutes de course ensemble.
Rendez-vous au **chapitre 429.**

73

Vous le laissez derrière vous. Vous n'osez pas vous retourner pour voir comment il va. Vous vous dites que la course à pied est un sport solitaire et qu'on ne peut compter que sur soi-même dans ce sport.
Vous entrez dans la dernière ligne droite, la chair de poule vous envahit. Vous allez enfin franchir cette ligne d'arrivée que vous convoitez depuis si longtemps.
Rendez-vous au **chapitre 368.**

74

Vous allégez votre planning d'entrainement mais au bout de quelques semaines vous vous rendez compte que les chronos ne sont pas au rendez-vous pour espérer courir le marathon en moins de 2h.
Si vous décidez de laisser tomber et préférez reprendre votre entrainement du début pour préparer le marathon de l'année suivante, rendez-vous au **chapitre 1.**
Si vous choisissez de continuer votre préparation marathon au feeling, en courant quand vous en avez envie, rendez-vous au **chapitre 179.**

75

Vous avalez rapidement plusieurs verres d'eau et repartez aussitôt.
Malheureusement, quelques minutes plus tard, vous ressentez de fortes douleurs à l'estomac. Vous ralentissez puis marchez.
Au bout de quelques minutes de marche entrecoupées d'arrêts, vous vous rendez compte que vous êtes dernier, la voiture balai est juste derrière vous.
Votre moral est au plus bas. Vous n'avez plus l'envie d'aller jusqu'à la ligne d'arrivée.
Votre course s'arrête là.

76

Vous accélérez prudemment et vous êtes surpris de voir que vos jambes, malgré la fatigue, répondent plutôt bien.

Il ne reste plus qu'un kilomètre mais il est interminable. Vous parvenez à ne pas ralentir mais cela vous demande beaucoup d'efforts. C'est clairement votre mental qui a pris le relais.

Vous arrivez enfin dans la dernière ligne droite.

Rendez-vous au **chapitre 204.**

77

Vous repartez sans l'attendre et trouvez un groupe avec qui courir.

Au bout de quelques instants, vous vous rendez compte que votre lacet est défait.

Si vous décidez de vous arrêter pour le refaire, rendez-vous au **chapitre 124.**

Si vous choisissez de continuer de courir, rendez-vous au **chapitre 125.**

78

Vous vous arrêtez. Rapidement, vous retirez votre chaussure, la renversez pour voir le petit caillou tomber au sol. Immédiatement, vous l'enfilez pour repartir aussitôt.

La manœuvre vous a fait perdre seulement quelques secondes.

Vous reprenez rapidement votre rythme de course.

Au bout de quelques kilomètres, vous avez la gorge sèche. Vous avez dû rater un ravitaillement. Vous voyez alors un spectateur vous tendre une bouteille.

Si vous décidez de prendre la bouteille, rendez-vous au **chapitre 289.**

Si vous préférez ne pas la prendre, rendez-vous au **chapitre 245.**

79

Vous vous inscrivez dans le club d'athlétisme le plus proche de chez vous et rencontrez un entraineur qui vous fait un plan d'entrainement sur mesure pour le marathon.

Mais au bout de quelques jours d'entrainement, vous ressentez une petite douleur au mollet.

Si vous choisissez de faire l'entrainement prévu sur piste par votre coach, rendez-vous au **chapitre 233.**

Si vous décidez de remplacer la séance prévue par un petit footing, rendez-vous au **chapitre 30.**

Si vous préférez ne rien faire aujourd'hui, rendez-vous au **chapitre 394.**

80

Vous chassez de votre esprit ce beau visage et vous vous reconcentrez sur la course en vous calant sur la foulée du meneur d'allure.

Quelques kilomètres plus loin, vous arrivez au semi-marathon, rendez-vous au **chapitre 220.**

81

Vous accélérez pour laisser le meneur d'allure quelques dizaines de mètres derrière vous. Vous vous imaginez pouvoir passer au semi-marathon sur l'objectif de 2h30 au marathon.

Mais vous n'êtes pas encore au 15e km que vous commencez à sentir vos forces vous quitter. Cela vous demande maintenant énormément d'effort pour tenir cette vitesse et vous n'avez pas d'autres choix que de ralentir progressivement.

Mais il est trop tard, vous ne pouvez même plus courir et vous commencez à marcher, honteux d'avoir accéléré tout à l'heure, poussé par votre orgueil.

Vous apercevez un ravitaillement et le rejoignez en marchant. Vous avalez tout ce qui se trouve sur la table. Au bout de quelques minutes, vous sentez progressivement vos forces revenir.

Quand vous repartez, le meneur d'allure 3h vous double et vous prenez sa foulée juste avant le semi-marathon.

Rendez-vous au **chapitre 178.**

82

Vous ralentissez pour pouvoir rentrer vos doigts dans votre ventre. Cela augmente votre douleur et vous êtes plié en deux tout en expirant. Au bout de quelques minutes, vous êtes soulagé de constater que le point de côté a disparu.

Vous vous retrouvez aux côtés d'un coureur qui semble avoir un bon rythme. Au bout de quelques instants avec lui, vous sentez qu'il accélère.

Si vous décidez de le suivre, rendez-vous au **chapitre 345.**

Si vous préférez maintenir votre rythme actuel, rendez-vous au **chapitre 330.**

83

Finalement, cette invitation refusée vous a donné envie d'aller courir seul.

Vous partez faire un footing dans la forêt. Vous vous sentez bien et ne ressentez aucune douleur.

Dans une côte, vous décidez d'accélérer. C'est immédiat, votre mollet vous fait sentir qu'il n'a pas totalement récupéré malgré les trois semaines de repos. Vous rentrez chez vous, déçu.

Si vous décidez de ne plus vous entrainer mais de malgré tout prendre le départ du marathon, rendez-vous au **chapitre 185.**

Si vous préférez ne pas participer à ce marathon et vous concentrer sur celui de l'année prochaine, l'aventure s'arrête là pour vous.

84

Il ne vous reste plus que 100m, vous arrivez seul face à la ligne d'arrivée. Des frissons parcourent votre corps. Des larmes vous montent aux yeux. Vous allez atteindre votre rêve.

Malheureusement, le public ne vous soutient pas autant que vous l'auriez espéré. Les huées se mélangent aux applaudissements discrets. Vous comprenez alors qu'ils vous reprochent de ne pas avoir aidé le pauvre coureur en difficulté.

Rendez-vous au **chapitre 383.**

85

Vous en profitez pour manger et attendez qu'il reparte. Mais au bout de quelques instants, vous ne le voyez plus. Il ne semble pas avoir repris la course.

Vous repartez un peu perdu et tombez dans un faux rythme vous retournant régulièrement pour tenter d'apercevoir le meneur 3h. Mais au bout de quelques kilomètres, c'est le meneur d'allure 3h30 qui vous rattrape. Vous restez avec lui.

Mais peu de temps après, vous commencez à sentir des frottements au niveau de l'aine.

Si vous décidez de demander aux coureurs autour de vous s'ils ont de la crème anti-frottement, rendez-vous au **chapitre 88.**

Si vous choisissez de prendre un gobelet au ravitaillement pour vous le renverser sur l'aine, rendez-vous au **chapitre 280.**

Si vous préférez ne rien faire et continuer de courir, rendez-vous au **chapitre 183.**

86

Vous préférez attendre le ravitaillement suivant qui, finalement, arrive rapidement. Vous avalez une boisson sucrée proposée par l'organisation et vous sentez que votre corps en avait besoin.

Alors que vous vous sentez en forme, croyant comme jamais à vos capacités de gagner cette course sous les 2h, vous ressentez une gêne dans votre chaussure, sans doute un petit caillou.

Si vous décidez de vous arrêter pour l'enlever, rendez-vous au **chapitre 387.**

Si vous préférez ne pas vous arrêter en gardant votre rythme, rendez-vous au **chapitre 319.**

Si vous préférez ralentir un peu, rendez-vous au **chapitre 182.**

87

Vous continuez normalement votre programme d'entrainement.

Au fur et à mesure que le marathon se rapproche, vos sensations s'améliorent et vous êtes de plus en plus confiant quant au succès de votre course. Vous ne voyez pas ce qui pourrait maintenant vous arrêter.

Pour prendre le départ du marathon, rendez-vous au **chapitre 172.**

88

Vous demandez autour de vous et par chance un des coureurs sort de sa poche un petit tube de crème anti-frottement qu'il vous donne.

Vous étalez un peu de ce baume sur votre zone de frottement. Cela vous fait du bien et vous ne sentez plus aucune douleur.

Quelques kilomètres plus loin, vous arrivez à un endroit où vous croisez des coureurs, de l'autre côté de la route, qui semblent avoir de l'avance sur vous.

Si vous décidez de couper pour les rejoindre, rendez-vous au **chapitre 443.**

Si vous préférez ne pas couper, rendez-vous au **chapitre 192.**

89

Vous passez le panneau du semi-marathon. Vous jetez un coup d'œil à votre montre : 1h15.

Vous regardez autour de vous et vous vous rendez compte que vous êtes un peu isolé.

Quelques minutes plus tard, un groupe vous double.

Si vous décidez de prendre la foulée de ces coureurs, rendez-vous au **chapitre 399.**

Si vous choisissez de garder votre rythme, rendez-vous au **chapitre 23.**

Si vous préférez ralentir, rendez-vous au **chapitre 119.**

90

Vous vous arrêtez net et vous vous penchez pour l'aider. En essayant de le relever, vous vous bloquez le dos. Il se relève et vous explique qu'il n'a fait que trébucher et que tout va bien.

Vous le voyez repartir en courant alors que vous avez trop mal au dos pour reprendre votre course.

Vous continuez en marchant en espérant que votre dos se débloque. Mais ça n'arrivera pas.

Vous terminez votre marathon sans pouvoir recourir.

Rendez-vous au **chapitre 374.**

91

Vous ajoutez des entrainements à votre programme, sur les moments de récupération car vous vous dites que le repos ne sert à rien et qu'il faut s'entrainer sans relâche si l'on veut battre un record du monde.

Mais vous n'avez pas encore l'étoffe d'un recordman et au bout de quelques jours vous tombez dans un surentrainement irrémédiable. La fatigue et les douleurs s'emparent de vous.

Votre préparation marathon s'arrête là.

92

Vous enchainez les séances mais au bout de trois semaines, vous vous sentez fatigué à longueur de journée. Vous ne savez pas si cela vient de vos entrainements ou si c'est seulement une phase normale.

Si vous décidez de continuer le plan d'entrainement, rendez-vous au **chapitre 275.**

Si vous choisissez de tout arrêter pendant deux semaines, rendez-vous au **chapitre 54.**

Si vous préférez adapter vos séances de course, rendez-vous au **chapitre 266.**

93

Vous ralentissez légèrement sur les kilomètres suivants pour vous laisser rattraper par le meneur d'allure 3h.

Vous prenez facilement sa foulée dès qu'il arrive à votre hauteur. Vous vous sentez à l'aise à cette vitesse alors que vous voyez beaucoup de concentration sur les visages des coureurs autour de vous.

Lorsque vous arrivez au 10e km, vous vous rendez compte que le meneur d'allure a du retard sur le temps de passage.

Si vous décidez d'accélérer, rendez-vous au **chapitre 432.**

Si vous préférez rester dans ce groupe, rendez-vous au **chapitre 196.**

94

Vous repérez un coureur qui porte un dossard élite. Vous le guettez pour attendre le bon moment pour le lui prendre.

Au bout de quelques minutes, il s'éloigne de son groupe d'entrainement. Vous vous dites que c'est le signe du destin, il faut y aller. Vous le suivez jusqu'à une cabane servant de toilettes. Vous l'attendez patiemment. Au moment où il sort, vous le prenez par surprise et tirez un grand coup sur son dossard. Mais il ne s'arrache pas et reste bien accroché à son maillot. Vous relevez la tête et constatez que votre cible n'a pas l'air content de votre attitude. Il vous envoie un coup de pied puissant dans votre tibia que vous entendez craquer en même temps que vous hurlez de douleur.

Vous vous allongez au sol laissant s'évanouir dans la foule votre seule chance de posséder un dossard élite.

Vous n'êtes pas capable de marcher normalement. Votre course s'arrête avant même d'avoir commencée.

95

Vous réalisez une accélération brutale…trop brutale sans doute car vous ressentez soudainement une douleur atroce derrière la cuisse. En prenant appui sur l'autre jambe, la même douleur insupportable explose derrière votre autre cuisse. Vous tombez au sol ne pouvant vous relevez sans hurler de douleur.

Vous êtes pris en charge par les secours qui diagnostiquent une déchirure musculaire sur chacune de vos cuisses.

Votre marathon s'arrête là… à moins d'un kilomètre de l'arrivée.

96

Vous restez à ses côtés pour l'encourager et le motiver. Vous êtes surpris de constater que vos efforts payent puisque quelques instants plus tard, il retrouve un bon rythme de course et relance même son allure.

Au bout de plusieurs kilomètres à courir ensemble, vous vous arrêtez à un ravitaillement et vous perdez de vue votre ami.

En plus de repartir seul et alors que la course devient de plus en plus difficile, vous sentez un début de point de côté apparaitre. Cela vient s'ajouter aux douleurs musculaires et à la fatigue générale !

Si vous décidez, de rage, d'accélérer en vous disant qu'avec un peu de chance, votre point de côté va partir, rendez-vous au **chapitre 114.**

Si vous choisissez de vous arrêter quelques instants pour que votre point de côté disparaisse, rendez-vous au **chapitre 335.**

Si vous préférez continuer de courir tout en appuyant à l'endroit où vous avez mal, rendez-vous au **chapitre 416.**

97

Vous laissez votre téléphone vibrer dans votre poche.

Il ne vous reste plus que quelques kilomètres et vous vous dites que vous rappellerez quand vous aurez terminé.

Vous préférez rester concentré sur vos sensations. Votre foulée est devenue très lourde, chaque appui est un réel effort et vous n'avez qu'une hâte : passer la ligne d'arrivée.

Vous arrivez enfin dans la dernière ligne droite !

Si vous décidez de ralentir pour profiter un maximum des applaudissements, rendez-vous au **chapitre 213.**

Si vous préférez finir en sprint, poussé par les encouragements des spectateurs, rendez-vous au **chapitre 408.**

98

L'arrivée vous parait encore tellement loin que vous ralentissez pour revenir à une allure plus lente. Malgré tout, vous ne vous sentez pas bien, vous avez l'impression que vos forces vous quittent à chaque foulée. Vous ne comprenez pas ce qu'il vous arrive alors qu'il y a quelques instants, vous vous sentiez bien à une vitesse plus élevée.

Si vous décidez d'alterner marche et course, rendez-vous au **chapitre 7.**

Si vous préférez tenir votre allure actuelle le plus longtemps possible, rendez-vous au **chapitre 348.**

99

Vous passez la ligne d'arrivée, heureux d'en terminer.

Vous regardez votre chrono : 3h59.

Vous vous dites que vous pourrez faire mieux la prochaine fois en évitant tous les pièges de la préparation et de la course !

100

Vous allez au magasin de running le plus proche et achetez le modèle le plus cher que vous voyez. Dès les premiers instants, vous vous sentez comme sur un nuage. Vous avez l'impression de porter des pantoufles mais en même temps vous sentez le dynamisme de la chaussure.

Vous voulez vérifier ces sensations lors de votre prochain entrainement.

Si vous décidez de tester vos chaussures en réalisant un 10km à fond autour de chez vous, rendez-vous au **chapitre 111.**

Si vous choisissez de ne rien changer et de réaliser le footing prévu à votre programme, rendez-vous au **chapitre 13.**

Si vous préférez réaliser une séance de fractionné avec des allures rapides pour tester vos chaussures, rendez-vous au **chapitre 379.**

101

Votre œil est attiré par des abricots secs et vous en avalez deux. Mais vous vous êtes trop précipité et vous commencez à vous étouffer. Voyant que vous êtes en difficulté, les bénévoles appellent les secouristes non loin de là. Un jeune homme s'approche de vous et vous fait recracher les abricots.

Vous vous asseyez quelques minutes pour reprendre vos esprits.

Vous repartez enfin, doucement, pendant quelques kilomètres.

Vous vous faites rattraper par le meneur d'allure 4h et vous parvenez à prendre sa foulée, juste avant le semi-marathon.

Rendez-vous au **chapitre 220.**

102

En pleine confusion sur les étirements, vous préférez ne pas du tout les pratiquer.

Mais dès les premières séances d'entrainement, vous ressentez des douleurs musculaires et tendineuses de plus en plus présentes et de plus en plus handicapantes.

Au bout de quelques jours, vous avez trop mal pour pouvoir vous déplacer normalement.

Rendez-vous au **chapitre 223.**

103

Vous accélérez et vous vous extirpez du groupe. Quelques instants plus tard, vous avez déjà pris quelques mètres d'avance sur la première féminine.

Vous entrez dans les derniers kilomètres de course. Vous continuez à un rythme élevé et vous vous dites que vous allez pouvoir tenir jusqu'à l'arrivée.

Malheureusement, à 500m de la fin de la course, votre mollet se contracte violemment. A l'appui suivant, la crampe ne s'estompe pas.

Si vous décidez d'allonger votre foulée et d'accélérer en espérant que cela tienne, rendez-vous au **chapitre 307.**

Si vous choisissez de finir en diminuant la longueur de votre foulée et en augmentant la cadence, rendez-vous au **chapitre 58.**

Si vous préférez vous arrêter pour vous étirer, rendez-vous au **chapitre 135.**

104

Vous continuez de courir sans perdre de temps à vous arroser.

Malheureusement, quelques kilomètres plus tard, vous commencez à avoir la tête qui tourne et à voir des étoiles. Vous êtes obligé de vous arrêter. Vous vous allongez sur le trottoir et êtes rapidement pris en charge par les secours.

Votre marathon s'arrête là.

105

Vous laissez aller votre foulée et vous distancez progressivement le meneur d'allure 3h. Les premiers kilomètres s'enchainent rapidement, vous vous sentez bien.

Vous apercevez au loin le meneur d'allure 2h45, vous vous retournez et vous comprenez que vous êtes plus proche du meneur 2h45 que de celui des 3h.

Si vous décidez d'accélérer pour rattraper le meneur 2h45, rendez-vous au **chapitre 201.**

Si vous choisissez de continuer de courir aux sensations, rendez-vous au **chapitre 366.**

Si vous préférez ralentir pour retrouver le meneur 3h, rendez-vous au **chapitre 93.**

106

En seulement quelques minutes, vous revenez sur eux. Vous vous calez dans la foulée d'un des coureurs. Finalement, le rythme n'est pas beaucoup plus rapide que celui que vous aviez et vous vous sentez capable de tenir cette allure.

Vous vous rappelez alors qu'un ami devait venir vous encourager au 35ᵉ km. Il vous avait dit qu'il se mettrait du côté droit de la route. Vous apercevez le panneau du 35ᵉ km devant vous et vous êtes du côté gauche de la route.

Si vous décidez de couper brusquement à droite dans l'espoir de voir votre ami, rendez-vous au **chapitre 189**.

Si vous préférez continuer à gauche en jetant un coup d'œil à droite pour essayer de le voir, rendez-vous au **chapitre 393**.

107

Le coureur vient se glisser dans votre groupe et se prend les pieds dans votre foulée en voulant se placer de l'autre côté de la route. Vous perdez l'équilibre avec lui et tombez sur le bitume en l'insultant. Vous mettez quelques instants avant de pouvoir repartir. Vous êtes soulagé de pouvoir recourir sans douleur.

Alors que vous reprenez votre allure de course, vous vous rendez compte que vous avez un lacet de défait.

Si vous décidez de vous arrêter pour le refaire, rendez-vous au **chapitre 21**.

Si vous préférez continuer de courir, rendez-vous au **chapitre 323**.

108

Vous courez sans vous soucier des autres autour de vous. Vous apercevez au loin le drapeau du meneur d'allure 3h30 et vous vous rendez compte au bout de quelques minutes que vous ne perdez pas de distance sur lui et que vous commencez même à revenir sur lui sans faire d'effort supplémentaire.

Vous parvenez à retrouver sa foulée juste avant le semi-marathon, rendez-vous au **chapitre 147**.

109

Le soir de chaque entrainement, vous prenez le temps de vous étirer tout le corps. Même si c'est contraignant, vous sentez vos muscles détendus le lendemain de chaque entrainement.

Mais vous vous posez une nouvelle question. Le plan d'entrainement que vous avez trouvé est un plan qui pourrait convenir à tout le monde, mais qui ne tient pas compte de vos sensations, faut-il que vous l'adaptiez à votre état de fatigue et votre emploi du temps ou faut-il suivre la trame du début à la fin ?

Si vous décidez de le suivre jusqu'au bout, rendez-vous au **chapitre 92.**

Si vous préférez adapter votre programme d'entrainement, rendez-vous au **chapitre 266.**

110

Même si vous n'avez jamais couru de marathon, vous vous dites que cela demande de l'investissement et vous voulez réaliser une bonne performance lors de cette course.

Pour cela, vous savez que vous avez besoin de conseils.

Si vous choisissez de vous inscrire dans un club d'athlétisme, rendez-vous au **chapitre 79.**

Si vous décidez de trouver un plan d'entrainement sur internet ou dans un magazine spécialisé, rendez-vous au **chapitre 371.**

Si vous préférez demander des conseils sur des groupes Facebook de course à pied, rendez-vous au **chapitre 253.**

111

Vous partez à fond dès les premières minutes de ce test sur 10km. Vous n'en revenez pas, vous avez l'impression de voler. Vous ne ressentez aucune fatigue.

Vous terminez cet entrainement dans un chrono très prometteur et vous avez l'impression de pouvoir faire encore mieux !

Le lendemain, vous n'avez aucune douleur, ni aucune fatigue musculaire particulière. Vous vous dites que ces chaussures sont vraiment parfaites pour vous.

Les semaines s'enchainent sans difficulté et vous avez prévu de partir une semaine en vacances.

Comment allez-vous gérer votre entrainement pendant cette période ?

Si vous choisissez de conserver votre programme d'entrainement, rendez-vous au **chapitre 176.**

Si vous décidez de vous octroyer une semaine de récupération active car ces dernières semaines ont été chargées en entrainements, rendez-vous au **chapitre 402.**

Si vous préférez en profiter pour augmenter vos entraînements, rendez-vous au **chapitre 420.**

112

Vous vous arrêtez et vous vous asseyez au bord de la route pour retirer vos vêtements superflus. Avec le stress et l'envie d'aller vite, vous perdez encore plus de temps.

Au bout de quelques instants, vous parvenez à vous retrouver en t-shirt et short et vous pouvez enfin repartir.

Lorsque vous reprenez votre allure de course, vous êtes rattrapé par le meneur d'allure 4h.

Si vous décidez de rester avec le meneur 4h, rendez-vous au **chapitre 57.**

Si vous préférez accélérer pour rattraper le meneur 3h30, rendez-vous au **chapitre 291.**

113

Vous partez courir dans la forêt. Le contact avec la nature et le vent dans les feuilles vous font oublier votre douleur au mollet. Votre esprit s'évade et vous vous imaginez en train de courir le marathon, la foulée souple et la respiration facile. Mais vous n'êtes plus attentif à vos appuis et vous ne pouvez éviter une racine sur laquelle votre cheville vrille. La douleur est violente, insoutenable. Vous vous allongez au sol quelques instants.

Vous rentrez chez vous en boitillant, impossible de poser le pied blessé au sol.

Rendez-vous au **chapitre 223.**

114

Vous accélérez brusquement, obligeant votre rythme cardiaque à s'accélérer aussi. Vous êtes très surpris de constater que votre point de côté disparait quelques secondes plus tard. Malgré la fatigue de la course, vous ressentez comme un second souffle.

Si vous décidez d'en profiter pour continuer votre accélération, rendez-vous au **chapitre 239.**

Si vous préférez revenir à votre rythme habituel, rendez-vous au **chapitre 98.**

115

Vous rappelez votre meilleur ami pour lui annoncer que vous ne vous déplacerez pas à son mariage pour être en forme le jour de votre marathon. Il ne prend même pas la peine de vous répondre et raccroche immédiatement.

Quelques minutes plus tard, quelqu'un sonne à votre porte. Vous ouvrez et découvrez votre meilleur ami avec une batte de baseball. Il frappe alors de toutes ses forces votre genou droit que vous entendez craquer. Vous tombez au sol.

Rendez-vous au **chapitre 223.**

116

Vous continuez de courir en vous retournant pendant quelques instants. Vous êtes soulagé de voir que le coureur est déjà debout et repart en courant normalement. Vous comprenez qu'il a juste dû trébucher et non faire un malaise.

Quelques minutes plus tard, vous sentez quelque chose vibrer dans votre poche. Vous vous rappelez que vous avez pris votre téléphone avec vous en cas de problème.

Si vous décidez de répondre à l'appel, rendez-vous au **chapitre 407.**

Si vous préférez ne pas répondre, rendez-vous au **chapitre 97.**

117

Vous accélérez de nouveau en restant bien concentré sur vos appuis et votre équilibre. Vous parvenez à doubler de nombreux coureurs.

Quelques kilomètres plus tard, vous revenez enfin sur le meneur d'allure 4h30.

Vous vous calez dans sa foulée. Vous vous sentez très à l'aise.

Si vous décidez d'accélérer, rendez-vous au **chapitre 256.**

Si vous préférez rester dans ce groupe, rendez-vous au **chapitre 143.**

118

Vous décrochez et entendez la voix de votre ami Stéphane qui vous explique qu'il vous aperçoit. Vous semblez être seulement 200m devant lui.

Si vous décidez de l'attendre, rendez-vous au **chapitre 332.**

Si vous préférez ne pas l'attendre, rendez-vous au **chapitre 320.**

119

Vous ralentissez car vous venez de passer le semi-marathon et vous savez que la course ne fait que commencer.

Vous avez trouvé un rythme dans lequel vous vous sentez à l'aise pour tenir longtemps.

Quelques kilomètres plus tard, vous entendez une moto venir vers vous. Vous vous retournez et voyez un journaliste de la télévision avec son caméraman monter à votre hauteur. Il vous demande si vous acceptez de répondre à des petites questions pour le direct.

Si vous acceptez, rendez-vous au **chapitre 71.**

Si vous préférez refuser et vous écarter de la moto, rendez-vous au **chapitre 197.**

120

Vous vous arrêtez et vous l'aidez à se relever. Vous passez son bras autour de votre coup et vous le portez en essayant tant bien que mal à continuer de courir. Vous sentez que ses jambes le portent à peine et cela est très difficile pour vous d'avancer.

Dans la dernière ligne droite, vous êtes porté par les applaudissements et les encouragements des spectateurs. Vous voyez le chrono au-dessus de la ligne d'arrivée défiler et vous apercevez les chiffres passer les 2h de course. Votre rêve ne sera pas réalisé mais vous gagnez bien plus qu'un chrono.

Rendez-vous au **chapitre 209.**

121

Vous laissez partir le groupe.

Quelques minutes plus tard, vous vous dites que vous avez bien fait de ne pas essayer de suivre ces coureurs car vous commencez à avoir la tête qui tourne. Vous vous sentez comme déséquilibré à chaque foulée.

Si vous décidez de continuer de courir au même rythme, rendez-vous au **chapitre 372.**

Si vous préférez marcher pour récupérer, rendez-vous au **chapitre 216.**

122

Vous sortez de votre rendez-vous chez le médecin avec un arrêt de 3 semaines de la course à pied. Vous êtes déprimé, vous vous rendez compte que votre objectif de courir le marathon en moins de 2h est maintenant impossible.

Votre préparation marathon s'arrête là.

123

Vous ralentissez progressivement. Vous avez le sentiment de récupérer, de pouvoir tenir des heures à cette vitesse.

Le meneur d'allure 3h et tous les coureurs autour de lui vous rattrapent juste avant le semi-marathon. Vous vous calez à leur rythme.

Rendez-vous au **chapitre 178.**

124

Vous vous arrêtez sur le bord de la route pour ne pas gêner les autres coureurs. Vous refaites votre lacet en une poignée de secondes et repartez immédiatement.

Vous avez perdu très peu de temps.

Quelques minutes plus tard, vous courez sur un boulevard où vous croisez, dans l'autre sens, des coureurs qui ont du retard sur vous.

C'est alors que vous observez un concurrent de l'autre côté, couper la route pour se retrouver dans votre sens et ainsi gagner de nombreux kilomètres.

Si vous décidez d'aller lui demander de retourner d'où il vient, rendez-vous au **chapitre 167.**

Si vous préférez ne rien dire, rendez-vous au **chapitre 410.**

125

Vous continuez pour ne pas perdre de temps.

Tout en courant, vous gardez un œil sur votre lacet pour être sûr de ne pas marcher dessus.

Quelques kilomètres plus tard, vous ne pensez même plus à ce petit problème et courez sans vous soucier du risque encouru. Malheureusement, vous êtes trop confiant et vous finissez par marcher sur votre lacet et tombez lourdement au sol.

En chutant, vous sentez votre cheville craquer. Vous ne parvenez pas à vous relever sans boiter.

Vous comprenez que votre marathon s'arrête là.

126

Vous attrapez un gobelet tout en gardant votre allure élevée. Vous renversez la moitié de la boisson au sol mais vous réussissez à avaler une grande gorgée. Malheureusement, vous avez mal avalé et vous commencez à vous étouffer. Vous êtes obligé de vous arrêter pour reprendre une respiration normale.

Vous repartez mais vous avez perdu contact avec le groupe de tête.

Quelques minutes plus tard, vous ressentez une gêne dans votre chaussure, sans doute un petit caillou.

Si vous décidez de vous arrêter pour l'enlever, rendez-vous au **chapitre 78.**

Si vous préférez ne pas vous arrêter, rendez-vous au **chapitre 70.**

127

Vous accélérez brutalement, slalomant entre les autres coureurs qui vous paraissent lents. Vous ne comprenez pas ce que vous faites avec eux, vous devriez être bien devant, avec des coureurs plus rapides.

Vous revenez en seulement quelques minutes dans la foulée du meneur d'allure 3h30. Au vu de l'effort réalisé, vous vous rendez compte qu'il va vous falloir du temps pour réussir à récupérer ; votre rythme cardiaque est anormalement haut et vos muscles vous brûlent. Au bout de quelques kilomètres, vos sensations ne sont toujours pas bonnes, vous ne parvenez plus à suivre le rythme du meneur d'allure. Vous êtes contraint de ralentir.

Vous alternez même entre la marche et la course, vous demandant si vous allez abandonner.

Mais vous sentez vos forces revenir lorsque le meneur d'allure 4h vous rattrape juste avant le semi-marathon. Vous vous calez à son rythme.

Rendez-vous au **chapitre 220.**

128

Vous avalez quelques fruits secs à l'aide d'un verre d'eau. Vous êtes surpris de vous rendre compte que tout est bien passé. Cela vous fait beaucoup de bien et vous vous sentez en forme pour terminer votre course.

Dans les dernières minutes, chaque foulée est difficile mais vous êtes porté par votre mental. Vous arrivez enfin dans la dernière ligne droite.

Rendez-vous au **chapitre 375.**

129

Finalement, vous avez pris 3 semaines de repos, la motivation s'étant envolée en même temps que votre douleur disparaissait.

Néanmoins, un ami, qui veut se mettre à la course, vous propose d'aller courir ensemble.

Si vous acceptez, rendez-vous au **chapitre 336.**

Si vous refusez, rendez-vous au **chapitre 83.**

130

Vous regardez votre allure de course et le chrono et vous vous rendez compte que vous êtes légèrement en retard sur votre objectif de moins de 2h.

Vous accélérez alors pour rattraper ces quelques secondes qui vous séparent de votre but. Personne n'est capable de vous suivre.

Malheureusement, quelques minutes plus tard, vous n'êtes pas capable d'encaisser ce changement de rythme. Vous ralentissez sans pouvoir réagir. Le groupe de coureurs avec qui vous étiez vous double mais pas seulement, vous voyez passer une dizaine de coureurs jusqu'au premier français qui vous rattrape. Vous parvenez à vous accrocher à lui.

Si vous décidez de lui proposer de finir ensemble, rendez-vous au **chapitre 72.**

Si vous choisissez de continuer avec lui pour essayer d'accélérer dans la dernière ligne droite, rendez-vous au **chapitre 298.**

Si vous préférez accélérer maintenant, rendez-vous au **chapitre 11.**

131

Vous franchissez la ligne d'arrivée, content de vous, mais vous vous dites que vous auriez pu réaliser une meilleure course.

Vous regardez votre chrono : 2h28.

Vous savez que vous le referez l'année suivante pour faire mieux !

132

Vous faites demi-tour, slalomant entre les coureurs en sens inverse.

Vous revenez à l'endroit où vous vous étiez changé et retrouvez rapidement votre short. Vous l'enfilez et repartez dans le bon sens de la course.

Mais vous avez perdu du temps et vous reprenez votre allure de course en même temps que le meneur d'allure 4h vous double, juste avant le semi-marathon. Vous vous calez dans son groupe de coureurs.

Rendez-vous au **chapitre 220.**

133

En plein milieu d'une phrase, vous raccrochez, sans même lui dire au revoir et sans même lui avoir rappelé que vous étiez en train de courir un marathon.

Lorsque vous remettez votre téléphone dans votre poche, il ne vous reste plus que deux kilomètres. En regardant votre chrono, vous comprenez que vous avez perdu du temps en étant en conversation avec votre mère. Vous accélérez pour revenir à votre allure initiale.

Vous arrivez dans la dernière ligne droite, porté par les spectateurs.

Vous franchissez enfin la ligne d'arrivée, rendez-vous au **chapitre 158.**

134

Vous passez la ligne d'arrivée, heureux d'en terminer.

Vous regardez votre chrono : 5h58.

Vous vous dites que vous pourrez faire mieux la prochaine fois en évitant tous les pièges de la préparation et de la course !

135

Vous vous arrêtez pour vous étirer. Au bout d'une trentaine de secondes, vous sentez votre muscle se détendre.

Lorsque vous repartez, vous êtes aux côtés de la première féminine.

Rendez-vous au **chapitre 324.**

136

Vous patientez seulement quelques secondes avant de voir le meneur d'allure repartir. Vous vous calez de nouveau dans sa foulée. Cela vous rassure d'avoir un coureur métronome et de ne pas avoir à gérer votre vitesse de course.

Mais au bout de quelques kilomètres, vous avez l'impression que le meneur commence à ralentir.

Si vous décidez d'accélérer, rendez-vous au **chapitre 326.**

Si vous choisissez de rester avec lui, rendez-vous au **chapitre 261.**

Si vous préférez garder votre allure et laisser le meneur décrocher progressivement, rendez-vous au **chapitre 356.**

137

Vous continuez de courir en serrant des dents et en espérant que la crampe n'apparaisse pas réellement. Au bout de quelques instants, la contraction disparait, comme par magie. Vous êtes soulagé.

C'est alors que le groupe accélère progressivement et vous parvenez à suivre les coureurs.

Au 35e km, un coureur à côté de vous fait un malaise.

Si vous décidez de l'aider, rendez-vous au **chapitre 90.**

Si vous préférez continuer de courir, rendez-vous au **chapitre 116.**

138

Vous restez avec votre nouvel ami mais il est de moins en moins bien et il finit par marcher. Vous continuez avec lui pour le soutenir et vous sentez qu'il ne repartira pas.

Si vous décidez de rester avec lui pour l'aider, rendez-vous au **chapitre 171.**

Si vous préférez repartir seul en courant, rendez-vous au **chapitre 434.**

139

Vous êtes sur la ligne de départ du semi-marathon aux côtés de Stéphane. Vous n'avez qu'une seule chose en tête : le battre !
Vous partez vite et vous sentez que vos jambes répondent bien à votre accélération. Au bout de quelques hectomètres, votre ami est déjà loin derrière mais ça ne vous suffit pas, vous voulez l'humilier. Vous maintenez votre effort mais soudain, vous êtes bloqué net par une douleur fulgurante derrière la cuisse !
Vous ne pouvez plus poser la jambe au sol et finissez par vous assoir sur la chaussée. Stéphane vous double sans s'arrêter en vous lançant : « Bah alors, on ne sait pas gérer son effort ?! »
Vous rentrez chez vous en boitant.
Rendez-vous au **chapitre 223.**

140

Vous laissez partir la première féminine et ralentissez progressivement. Vous n'avez plus qu'un désir: voir la ligne d'arrivée. Vous n'avez plus envie de vous faire mal.
Vous arrivez dans la dernière ligne droite. Vous êtes déçu d'entendre peu d'encouragements pour votre arrivée.
Rendez-vous au **chapitre 131.**

141

D'un ton sec, vous lui dites de revenir du bon côté du parcours mais il refuse et vous dit de vous occuper de votre course, pas de la sienne. Vous sentez la colère monter en vous.
Si vous décidez d'insister, rendez-vous au **chapitre 327.**
Si vous choisissez de revenir du bon côté du parcours en le laissant tricher, rendez-vous au **chapitre 329.**
Si vous préférez, finalement, rester de ce côté pour terminer la course plus rapidement, rendez-vous au **chapitre 251.**

142

Vous gardez votre rythme actuel et vous voyez les coureurs échappés s'éloigner de plus en plus. Au bout de quelques minutes, ils ont pris une centaine de mètres d'avance et vous comprenez qu'il vous sera maintenant très difficile de revenir sur eux.

Votre mental en prend un coup. Progressivement, vous en venez à l'évidence. Vous ne pourrez pas courir sous les 2h ni gagner le marathon.

Alors que vous ralentissez, vous ressentez une gêne dans votre chaussure, sans doute un petit caillou.

Si vous décidez de vous arrêter pour l'enlever, rendez-vous au **chapitre 78.**

Si vous préférez ne pas vous arrêter, rendez-vous au **chapitre 70.**

143

Vous restez avec ce groupe et le meneur d'allure 4h30. La vitesse est un peu trop lente pour vous et vous vous sentez dans un faux rythme.

Vous continuez ainsi pendant quelques kilomètres quand soudain vous ressentez une tension désagréable dans votre mollet gauche.

Si vous décidez de vous arrêter pour vous étirer, rendez-vous au **chapitre 60.**

Si vous choisissez de garder le même rythme, rendez-vous au **chapitre 157.**

Si vous préférez ralentir, rendez-vous au **chapitre 391.**

144

Vous restez avec votre groupe de coureurs. Ces derniers instants de course sont un pur bonheur à une allure où vous ne souffrez pas, avec des personnes que vous appréciez et qui deviendront, vous en êtes sûrs, des amis.

Vous arrivez dans la dernière ligne droite. Tous ensemble, vous haranguez la foule pour recevoir des encouragements.

Rendez-vous au **chapitre 338.**

145

Pour votre premier et peut-être votre seul marathon, votre objectif est de le finir.

Vous ne chercherez pas la performance, seulement de franchir la ligne d'arrivée.

Mais pour cela, vous savez qu'il va falloir tout de même aller courir.

Si vous décidez de trouver un plan d'entrainement sur internet, rendez-vous au **chapitre 27**.

Si vous préférez vous entrainer au feeling et aller courir quand vous en avez envie, rendez-vous au **chapitre 179**.

146

Vous vous rendez au mariage de votre meilleur ami avec la ferme intention de passer la meilleure soirée de votre vie. Vous profitez un maximum de l'ambiance, du champagne.

Quand vous vous réveillez le lendemain, vous pouvez à peine ouvrir les yeux pour regarder l'heure. Vous vous redressez brutalement dans un lit qui n'est pas le vôtre : il est 12h.

Vous n'avez pas couru votre marathon, votre aventure s'arrête là…mais vous êtes heureux d'avoir profité du mariage de votre meilleur ami !

147

Vous passez le panneau du semi-marathon. Vous jetez un coup d'œil à votre montre : 1h45.

Quelques minutes plus tard, vous commencez à sentir des frottements au niveau de l'aine. Vous avez peur que cela s'aggrave.

Si vous décidez de demander si un coureur autour de vous a de la crème anti-frottement, rendez-vous au **chapitre 88**.

Si vous choisissez de récupérer un gobelet au ravitaillement pour vous le renverser au niveau de l'aine, rendez-vous au **chapitre 280**.

Si vous préférez ne rien faire en espérant que cela passe, rendez-vous au **chapitre 183**.

148

Vous avalez le contenu de deux gobelets d'eau. Cela vous rafraichit mais vous sentez bien que ce n'est pas suffisant. Quelques minutes plus tard, vous manquez de force. Vous êtes obligé de ralentir pour vous ménager pendant quelques kilomètres.

Finalement, vous arrivez sur un nouveau ravitaillement où vous en profitez pour faire le plein en énergie.

Quand vous repartez, vous vous retrouvez au milieu d'un groupe de coureurs qui semblent avoir la même allure que vous. Mais au bout de quelques minutes, un concurrent à vos côtés qui respire très fort vous dérange de plus en plus dans votre course.

Si vous décidez de lui demander de respirer moins fort, rendez-vous au **chapitre 174.**

Si vous préférez accélérez pour le laisser derrière vous, rendez-vous au **chapitre 151.**

149

Vous restez de votre côté. Vous cherchez du regard votre ami de l'autre côté de la route. Au bout de quelques instants, vous l'apercevez et lui faites signe. Il vous voit et hurle pour vous encourager.

Cela vous motive bien plus que vous ne l'auriez imaginé ! Vous accélérez sans même vous en rendre compte.

Quelques kilomètres plus tard, alors que vous avez trouvé un groupe à votre allure, un des coureurs se trouvant à côté de vous titube.

Si vous décidez de l'aider, rendez-vous au **chapitre 186.**

Si vous préférez continuer de courir, rendez-vous au **chapitre 364.**

150

Vous vous rapprochez du coureur et lui demandez d'un ton menaçant de repartir d'où il vient. Il vous regarde et hésite à vous répondre. En se tournant, il remarque les regards intimidant de tous les coureurs qui l'entourent. Sans dire un mot, il coupe de nouveau le boulevard pour revenir de son côté du parcours.

Ce petit événement vous a permis de créer un lien avec les autres coureurs de votre groupe. Dans les kilomètres suivants, vous discutez à coup de phrases courtes calées entre deux respirations. Vous sentez une certaine affinité se tisser entre vous.

A deux kilomètres de l'arrivée, vous avez l'impression qu'il vous reste encore un peu de force.

Si vous décidez d'accélérer, rendez-vous au **chapitre 381.**

Si vous préférez rester avec vos nouveaux amis de course, rendez-vous au **chapitre 144.**

151

Vous accélérez, laissant derrière vous le coureur bruyant ainsi que tout son groupe. Mais vous avez des difficultés à gérer votre allure et vous vous mettez rapidement dans le rouge. Vous êtes obligé de ralentir et vous ne pouvez réagir lorsque le groupe que vous venez de lâcher vous dépasse. Vous marchez quelques minutes avant de repartir sur un rythme lent.

Au bout de quelques kilomètres, alors que vous parvenez à reprendre votre allure normale, une moto vous dépasse avec un journaliste. Celui-ci vous tend son micro en vous proposant de répondre à quelques questions pour un direct à la télévision.

Si vous décidez d'accepter, rendez-vous au **chapitre 283.**

SI vous préférez ne pas répondre, rendez-vous au **chapitre 210.**

152

Vous vous renversez le gobelet sur la tête sans même regarder le contenu. Un liquide frais vous rafraichit instantanément mais quelques secondes plus tard, la sensation devient désagréable. Vous comprenez que vous vous êtes aspergé d'une boisson sucrée qui est devenue collante sur votre visage, votre torse et votre nuque.

Quelques minutes plus tard, vous êtes contraint de vous arrêter à un nouveau ravitaillement pour vous renverser plusieurs verres d'eau afin de vous rincer.

Vous repartez, enfin libéré de cette substance collante.

Vous arrivez sur un boulevard où vous croisez, de l'autre côté de la route en sens inverse, des coureurs qui ont du retard sur vous. Vous apercevez alors un concurrent couper pour venir vous rejoindre.

Si vous décidez de lui dire de repartir pour ne pas tricher, rendez-vous au **chapitre 150.**

Si vous préférez ne rien dire, rendez-vous au **chapitre 107.**

153

Vous parvenez à revenir sur le meneur d'allure 3h trois kilomètres plus loin. Vous vous calez dans le groupe de coureurs amassés autour du drapeau 3h. Vous vous sentez bien à cette allure et vous croyez en vos capacités de courir à cette vitesse.

Lorsque vous arrivez au 10e km, vous vous rendez compte que le meneur d'allure a du retard sur le temps de passage.

Si vous décidez d'accélérer, rendez-vous au **chapitre 432.**

Si vous préférez rester dans ce groupe, rendez-vous au **chapitre 196.**

154

En ne mangeant que des pommes de terre à longueur de repas, vous vous créez des carences alimentaires qui vous handicapent dans votre préparation marathon : vous vous sentez fatigué.

Si, malgré la fatigue, vous décidez de réaliser la séance prévue, rendez-vous au **chapitre 22.**

Si vous choisissez de prendre du repos, rendez-vous au **chapitre 285.**

Si vous préférez juste courir un footing léger, rendez-vous au **chapitre 367.**

155

Vous passez le panneau du semi-marathon. Vous jetez un coup d'œil à votre montre : 1h01.

Vous arrivez sur un ravitaillement.

Si vous décidez de manger quelque chose de solide, rendez-vous au **chapitre 384.**

Si vous choisissez de boire quelque chose, rendez-vous au **chapitre 148.**

Si vous préférez manger et boire, rendez-vous au **chapitre 303.**

156

Vous prenez la foulée du meneur et vous devez rester concentré sur votre foulée pour ne pas lâcher. Son allure est clairement plus rapide et il est difficile pour tout le monde de tenir sa vitesse. Au bout de quelques instants, il ne reste quasiment plus que vous avec le meneur mais, malheureusement, vous vous êtes mis dans le rouge et vous ne parvenez plus à tenir à cette allure. Vous êtes contraint de ralentir.

Quelques minutes plus tard, à votre grand étonnement, vous voyez le meneur arrêté sur le bord de la route, en train d'enlever son drapeau. Il semble abandonner la course.

Vous arrivez alors sur un boulevard où vous croisez, de l'autre côté de la route, des coureurs qui ont de l'avance sur vous. Vous apercevez un coureur qui coupe pour aller se fondre dans un groupe.

Si vous décidez de le suivre pour lui dire de ne pas tricher et de revenir dans le sens normal de la course, rendez-vous au **chapitre 249**.

Si vous préférez ne rien faire, rendez-vous au **chapitre 302**.

157

Vous continuez à la même vitesse. Heureusement, vous sentez votre mollet se détendre progressivement.

Finalement, vous êtes soulagé de sentir que la tension a disparu entièrement au bout de quelques minutes.

En observant les coureurs plus loin devant vous, vous apercevez votre ami Stéphane.

Si vous décidez de le rejoindre, rendez-vous au **chapitre 378**.

SI vous préférez gardez votre rythme actuel, rendez-vous au **chapitre 49**.

158

Une fois la ligne d'arrivée franchie, vous regardez votre chrono : 2h57.

Vous êtes content d'avoir fini sous les 3h mais vous vous dites que vous êtes encore capable de mieux. Peut-être sur un prochain marathon…

159

Vous continuez de courir mais sous votre pull, cela devient un vrai sauna au bout de seulement quelques kilomètres. Vous voulez continuer, ne pas vous arrêter mais vous commencez à avoir la tête qui tourne.

Finalement, vous faites un malaise et êtes pris en charge par les secours.

Votre course s'arrête là.

160

Vous passez à côté des tables de ravitaillement sans rien prendre. Aucun aliment proposé ne vous donne envie.

Malheureusement, quelques minutes plus tard, vous commencez à avoir la tête qui tourne et vous perdez parfois l'équilibre. Vous sentez que vous ne pouvez plus courir.

Vous vous arrêtez et vous asseyez sur le trottoir. Vous comprenez que votre course est terminée.

Votre marathon s'arrête là.

161

Vous faites demi-tour jusqu'à l'endroit où vous aviez laissé le coureur mais il n'y a plus personne. Vous regardez autour de vous espérant croiser son regard mais vous ne le voyez pas.

Vous repartez mais vous n'avez plus l'envie de courir. Vous espérez le voir vous rattraper.

Vous finissez votre course en marchant et lorsque vous arrivez dans la dernière ligne droite, vous arrivez à la conclusion qu'il a dû abandonner.

Rendez-vous au **chapitre 219.**

162

Vous passez le panneau du semi-marathon. Vous jetez un coup d'œil à votre montre : 1h23.

Vous regardez autour de vous et vous vous rendez compte que vous êtes un peu isolé.

Quelques minutes plus tard, un groupe vous double.

Si vous décidez de prendre la foulée de ces coureurs, rendez-vous au **chapitre 202.**

Si vous choisissez de garder votre rythme, rendez-vous au **chapitre 300.**

Si vous préférez ralentir, rendez-vous au **chapitre 350.**

163

Vous courez sans objectif d'allure et vous laissez votre esprit vagabonder. Vous repensez évidemment à la personne inconnue croisée quelques kilomètres plus tôt et sans réellement vous en rendre compte, vous ralentissez. Des dizaines de coureurs vous doublent. Vous sortez de votre torpeur lorsque le meneur d'allure 4h30 vous

rattrape. Vous prenez alors son rythme et vous vous jurez de rester concentré sur votre course jusqu'à l'arrivée.
Rendez-vous au **chapitre 17.**

164

Vous continuez de courir en laissant derrière vous ce pauvre concurrent en plein malaise. Mais au bout de quelques instants, vous êtes pris de remords. Vous ne parvenez plus à vous concentrer sur la course et vous vous demandez s'il a été pris en main par quelqu'un d'autre.
Si vous décidez de faire demi-tour pour lui apporter votre aide, rendez-vous au **chapitre 272.**
Si vous préférez continuer de courir, rendez-vous au **chapitre 48.**

165

Vous accélérez et rattrapez rapidement le groupe de coureurs avec le meneur d'allure 3h. Vous ne pensiez pas que vous seriez capable de courir aussi vite.
En arrivant au semi-marathon, vous sentez que l'effet du gel commence à s'estomper et vous décidez de rester avec ce groupe de coureurs.
Rendez-vous au **chapitre 178.**

166

Vous avalez un gel énergétique au goût de fruits rouges avec un verre d'eau. L'effet est immédiat. Vous avez l'impression de ressentir un coup de fouet et de pouvoir accélérer à l'infini.
Si vous décidez d'en profiter pour accélérer, rendez-vous au **chapitre 165.**
Si vous préférez rester à la même allure, rendez-vous au **chapitre 395.**

167

Vous vous placez à côté de lui. Vous ne comprenez comment on peut avoir envie de tricher. Vous lui ordonnez de repartir de l'autre côté. Vous lui criez que ce qu'il fait est irrespectueux des autres coureurs. Vous avez envie de l'insulter mais vous parvenez à vous contenir.

Mais il ne réagit pas. Il fait comme s'il ne vous entendait pas. Ça vous met hors de vous.

Si vous décidez d'en venir aux mains avec ce coureur, rendez-vous au **chapitre 301.**

Si vous préférez contenir votre colère et ne rien dire, rendez-vous au **chapitre 410.**

168

Vous avalez le contenu de la bouteille du spectateur. Vous êtes surpris de la boisson que vous avalez qui n'est pas de l'eau. Vous trouvez le goût rapidement écœurant. Votre estomac n'apprécie pas du tout et vous le fait sentir. Quelques instants plus tard, vous êtes obligé de vous arrêter sur le bord de la route, plié en deux. Vous vomissez tout ce que vous avez dans l'estomac.

Après quelques minutes, vous essayez de repartir mais vous n'avez plus la force de courir. Vous comprenez que vous allez être obligé de finir la course en marchant.

Au bout de quelques kilomètres et d'un temps qui vous a paru interminable, vous arrivez enfin dans la dernière ligne droite.

Rendez-vous au **chapitre 325.**

169

Vous patientez encore quelques instants avant que le coup de pistolet vous libère de tout votre stress.

PAN !

Vous commencez à courir et parvenez à prendre votre allure quelques minutes plus tard lorsque la foule de coureurs s'est enfin étirée.

Le départ a évacué votre stress et la tension que vous ressentiez mais votre envie d'aller aux toilettes est encore bien présente.

Si vous décidez de vous arrêter pour trouver un endroit où vous soulager, rendez-vous au **chapitre 426.**

Si vous préférez continuer de courir, rendez-vous au **chapitre 293.**

170

Vous continuez de garder votre téléphone à votre oreille même si vous n'écoutez plus vraiment la conversation.

Après de longues minutes, cet appel se termine enfin.

Lorsque vous remettez votre téléphone dans votre poche, vous arrivez dans la dernière ligne droite. Vous vous rendez compte que cet appel vous a occupé durant ces derniers kilomètres et vous êtes frustré de ne pas avoir profité de votre fin de course. De plus, à votre chrono, vous comprenez que vous avez largement ralenti.

Vous franchissez la ligne d'arrivée, rendez-vous au **chapitre 248.**

171

Vous restez avec lui en le motivant et en l'encourageant mais rien n'y fait. Quelques kilomètres plus tard, il abandonne malgré tous vos efforts pour le garder à vos côtés.

Alors que vous repartez seul et que la course devient de plus en plus difficile, vous sentez un début de point de côté apparaitre. Cela vient s'ajouter aux douleurs musculaires et à la fatigue générale !

Si vous décidez, de rage, d'accélérer en vous disant qu'avec un peu de chance, votre point de côté va partir, rendez-vous au **chapitre 114.**

Si vous choisissez de vous arrêter quelques instants pour que votre point de côté disparaisse, rendez-vous au **chapitre 335.**

Si vous préférez continuer de courir tout en appuyant à l'endroit où vous avez mal, rendez-vous au **chapitre 416.**

172

Vous accrochez votre dossard sur votre t-shirt de course. Vous pensez à votre course, à tous les efforts consentis ces dernières semaines.

Mais vous ne savez pas comment vous allez gérer votre course et surtout à quelle allure partir. Vous avez appris qu'il y aurait des meneurs d'allure avec qui courir pour vous aider à réaliser le temps espéré.

Avec quel meneur d'allure souhaitez-vous partir ?

Si vous choisissez le meneur 3h, rendez-vous au **chapitre 228.**

Si vous décidez de courir avec le meneur 3h30, rendez-vous au **chapitre 56.**

Si vous préférez partir avec le meneur 4h, rendez-vous au **chapitre 225.**

173

Vous lui redemandez de partir, mais cette fois avec un ton plus menaçant. De toute évidence, cela ne lui plait pas. Il se jette sur vous pour vous frapper. Vous avez tout juste le temps d'esquiver mais dans votre mouvement, vous vous tordez la cheville. Votre assaillant tombe au sol avec vous. Il semble, lui aussi, s'être blessé.

Vous vous retrouvez tous les deux, assis sur le bord du trottoir à vous rendre à l'évidence que vous ne pourrez pas reprendre votre course à cause de votre cheville.

Votre course s'arrête là.

174

Vous lui demandez, avec toute votre courtoisie, de respirer moins fort. Il vous regarde quelques secondes avant de s'excuser. Il se met alors à tousser pour dégager sa gorge. Sa respiration devient alors normale. Vous le remerciez et continuez de courir à ses côtés en discutant avec lui.

Au bout de quelques kilomètres, un lien s'est tissé entre vous. Il vous propose de continuer de courir avec lui. L'allure vous convient parfaitement et vous continuez, avec plaisir, de discuter avec lui.

Mais au bout de quelques kilomètres, vous sentez que son allure diminue progressivement.

Si vous décidez de rester avec lui, rendez-vous au **chapitre 96.**

Si vous préférez continuer à votre rythme, rendez-vous au **chapitre 276.**

175

Vous finissez l'entrainement satisfait de votre allure de course. Vous avez été capable de courir bien plus vite que ce qui était prévu par votre entraineur.

Mais le lendemain, en allant courir de nouveau, vous ressentez une douleur derrière la cuisse qui reste présente pendant quelques jours.

Quand la douleur disparait, vous avez pris trop de retard dans votre programme d'entrainement pour espérer pouvoir réaliser une performance.

Si vous décidez de continuer votre préparation marathon au feeling, en allant courir quand vous en avez envie, rendez-vous au **chapitre 179.**

Si vous préférez reporter votre marathon à l'année prochaine, votre préparation s'arrête là.

176

Vous continuez de suivre scrupuleusement votre programme d'entrainement mais ce n'est pas au goût de votre compagne qui vous reproche de ne pas être suffisamment présent, surtout pendant cette période de vacances. Elle ne comprend pas votre soudaine passion pour la course.

Elle vous demande de choisir entre elle et la course à pied.

Si vous choisissez la course à pied en espérant la reconquérir après votre marathon, rendez-vous au **chapitre 423.**

Si vous préférez sauver votre couple et oublier le marathon, rendez-vous au **chapitre 321.**

177

Vous passez la ligne d'arrivée, heureux d'en terminer.

Vous regardez votre chrono : 5h37.

Vous vous dites que vous pourrez faire mieux la prochaine fois en évitant tous les pièges de la préparation et de la course !

178

Vous passez le panneau du semi-marathon. Vous jetez un coup d'œil à votre montre : 1h30.

Juste après ce panneau, vous arrivez sur un ravitaillement. Vous êtes surpris de voir le meneur d'allure 3h s'y arrêter.

Si vous décidez de l'attendre, rendez-vous au **chapitre 85.**

Si vous préférez continuer sans l'attendre, rendez-vous au **chapitre 77.**

179

Les jours suivants, vous allez courir quand vous en avez envie, c'est-à-dire souvent. Vous êtes surmotivés par ce nouveau défi et vous avez envie de rapidement progresser.

Mais au bout de quelques jours, vous ressentez une douleur au mollet. Vous continuez vos entrainements, mais cette désagréable sensation ne fait que s'amplifier.

Si vous décidez de prendrez rendez-vous chez un médecin, rendez-vous au **chapitre 427.**

Si vous préférez prendre quelques jours de repos, rendez-vous au **chapitre 129.**

180

Vous avez des bonnes sensations et vous avez peur que la nourriture ne passe pas bien. Vous continuez de courir sans vous arrêter et prenez même quelques mètres d'avance sur le groupe du meneur d'allure. Vous vous dites que vous êtes peut-être capable de rattraper le meneur 3h30.

Vous accélérez dans ce but mais quelques minutes plus tard, vos bonnes sensations se sont envolées. Vous commencez à ne plus avoir de force, la tête qui tourne et vos jambes ont du mal à vous porter.

Vous ralentissez, vous marchez même. Vous commencez à perdre l'équilibre et préférez vous assoir sur la route. Voyant votre malaise, un spectateur appelle les secours qui vous prennent en charge.

Votre marathon s'arrête là.

181

Vous le laissez derrière et continuez de courir seul.

Mais quelques instants plus tard, vous vous en voulez de ne pas être allé l'aider. Vous ralentissez en vous retournant régulièrement pour voir si vous l'apercevez au loin ou s'il vous rattrape. Mais il n'en est rien.

Si vous décidez de faire demi-tour pour aller le voir, rendez-vous au **chapitre 161.**

Si vous préférez continuer de courir sans vous soucier de lui, rendez-vous au **chapitre 288.**

182

Vous perdez quelques mètres sur les trois coureurs de tête mais vous parvenez, tout en courant, à déplacer le petit caillou dans votre chaussure. Il se cale dans un coin qui ne vous gêne plus.

En quelques foulées, vous revenez dans les pieds de vos trois concurrents.

Quelques kilomètres plus tard, l'effort est constant et intense. Vous êtes concentré sur votre allure pour ne pas faiblir. Vos muscles sont épuisés mais votre moral vous maintient à ce rythme effréné.

Vous êtes maintenant à moins de 10 kilomètres de l'arrivée et vous vous demandez quelle stratégie adopter.

Si vous décidez de courir de manière tactique, en fonction de vos concurrents, dans le but de gagner la course même si vous finissez en plus de 2h, rendez-vous au **chapitre 309.**

Si vous préférez ne pas tenir compte les autres coureurs et seulement vous fixer sur votre allure pour réussir à courir en moins de 2h, rendez-vous au **chapitre 130.**

183

Vous continuez de courir malgré les frottements. La sensation continue de vous gêner mais cela reste soutenable, mais sans vous en rendre compte, vous commencez à ralentir.

Les jambes sont de plus en plus lourdes et vos douleurs musculaires cachent vos sensations de frottement. Vous vous concentrez davantage sur votre course pour ne pas craquer mais une chose vous dérange de plus en plus : un coureur à vos côtés respire de plus en plus fort. Vous ne savez pas pourquoi, mais cela vous énerve énormément.

Si vous décidez de rester à côté de lui malgré tout, rendez-vous au **chapitre 40.**

Si vous choisissez de lui dire qu'il respire trop fort, rendez-vous au **chapitre 277.**

Si vous préférez accélérer pour le laisser derrière vous, rendez-vous au **chapitre 41.**

184

Vous serrez si fort le caillou dans votre main que vous en oubliez votre point de côté.

Quelques minutes plus tard, vous vous rendez compte que votre douleur a disparu. Vous relâchez le caillou.

Vous arrivez au 30ᵉ kilomètre. A partir de là, vous savez que vous pouvez heurter le fameux mur symbolique qui vous ferait perdre toute votre énergie.

Si vous décidez de ralentir pour ne pas subir ce mur, rendez-vous au **chapitre 43.**

Si vous préférez maintenir votre rythme actuel, rendez-vous au **chapitre 446.**

185

C'est enfin le jour du marathon.

Vous êtes très excité à l'idée de prendre le départ de cette course mythique mais en même temps vous êtes empli de doutes quant à vos capacités de pouvoir passer la ligne d'arrivée.

Une fois au départ, le stress vous submerge et vous avez très envie d'aller aux toilettes.

Si vous décidez de trouver des toilettes publiques, rendez-vous au **chapitre 217.**

Si vous préférez aller dans un bar pour utiliser leurs toilettes, rendez-vous au **chapitre 51.**

186

Vous vous arrêtez à ses côtés. Le coureur est en train de faire un petit malaise. Vous l'allongez et prenez soin de lui pendant quelques minutes le temps que les secours arrivent. Ils vous remercient.

Vous repartez, un peu choqué mais content d'avoir pu aider un concurrent.

Quelques kilomètres plus tard, votre téléphone, que vous avez emporté, sonne.

Si vous décidez de répondre, rendez-vous au **chapitre 118.**

Si vous préférez ne pas répondre, rendre-vous au **chapitre 188.**

187

Vous vous placez au plus proche du meneur d'allure. Vous êtes obligé de jouer des coudes pour pousser gentiment les autres coureurs qui ont eu la même idée que vous.

Malheureusement, en vous rapprochant du meneur, vous trébuchez en touchant le pied d'un autre coureur. Vous ne parvenez pas à vous rééquilibrer et chuter lourdement. Une partie des coureurs derrière vous ne parviennent pas à vous éviter et vous piétinent.

Vous mettez quelques instants à pouvoir vous relever. Vous semblez ne pas avoir de douleur particulière et vous pensez pouvoir courir.

Vous repartez lorsque le meneur 3h30 vous dépasse. Vous profitez du groupe autour de ce coureur pour vous caler à cette allure.

Vous avez récupéré de vos émotions et êtes maintenant parfaitement concentré dans votre course.

Au 10ᵉ km, vous entendez quelqu'un crier votre nom. Vous tournez la tête et apercevez votre femme.

Si vous décidez d'aller la voir, rendez-vous au **chapitre 362.**

Si vous préférez juste lui faire un signe sans vous arrêter, rendez-vous au **chapitre 405.**

188

Vous ne voulez pas qu'un appel vous déconcentre dans votre course. Alors que vous replacez votre téléphone dans votre poche, vous le faites tomber. En vous penchant pour le récupérer, votre dos se bloque et des crampes apparaissent dans vos cuisses. Vous ne parvenez plus à courir et vous êtes contraint de terminer les derniers kilomètres en marchant.

Au bout d'un temps qui vous a semblé interminable, vous arrivez enfin dans la dernière ligne droite.

Rendez-vous au **chapitre 325.**

189

Vous coupez brusquement, slalomant rapidement entre les coureurs. Vous manquez de tomber plusieurs fois mais vous parvenez à rejoindre le côté droit de la route, où votre ami se trouve.

Vous le voyez et lui faites signe, il vous encourage de tout son cœur. Cela n'a duré que quelques secondes mais a eu un effet que vous n'imaginiez pas sur vous. Vous vous sentez reboosté pour les derniers kilomètres de ce marathon et sans vraiment vous en rendre compte, vous accélérez.

Vous n'êtes plus maintenant qu'à deux kilomètres de l'arrivée, le marathon semble être devenu une course de survie pour bon nombre de coureurs autour de vous. Vous avez les muscles qui vous brûlent, les articulations qui vous hurlent d'arrêter mais vous n'allez pas baisser les bras maintenant, si près du but.

C'est alors qu'un coureur à côté de vous titube.

Si vous décidez de l'aider, rendez-vous au **chapitre 369**.

Si vous préférez ne pas vous occuper de lui pour continuer de courir, rendez-vous au **chapitre 73**.

190

Vous vous étirez un jour sur deux, le soir avant d'aller vous coucher.

Mais au bout de plusieurs jours d'entrainement, vous ressentez une petite douleur au mollet droit que les étirements ne font pas disparaitre. Même si ce n'est rien de grave pour le moment, vous hésitez sur ce que vous devez faire.

Si vous voulez prendre rendez-vous chez un médecin, rendez-vous au **chapitre 122**.

Si vous faites fi de cette gêne au mollet et décidez de continuer votre plan d'entrainement en réalisant une grosse séance le lendemain, rendez-vous au **chapitre 284**.

Si vous remplacez votre gros entrainement du lendemain par un footing léger, rendez-vous au **chapitre 113**.

191

Vous passez la ligne d'arrivée, heureux d'en terminer.

Vous regardez votre chrono : 5h21.

Vous vous dites que vous pourrez faire mieux la prochaine fois en évitant tous les pièges de la préparation et de la course !

192

Vous continuez de courir et un groupe vous rattrape. Vous prenez la foulée d'un des coureurs mais l'effort est trop brusque et vous sentez une crampe se former à votre mollet gauche.

Si vous décidez de vous étirer, rendez-vous au **chapitre 212**.

Si vous choisissez de marcher, rendez-vous au **chapitre 310**.

Si vous préférez continuer de courir, rendez-vous au **chapitre 137**.

193

Vous passez la ligne d'arrivée, heureux d'en terminer.

Vous regardez votre chrono : 4h24.

Vous vous dites que vous pourrez faire mieux la prochaine fois en évitant tous les pièges de la préparation et de la course !

194

Vous vous débarrassez rapidement de votre tenue en la jetant par-dessus les coureurs sans vous soucier de l'endroit où elle va atterrir.

PAN !

Le départ est donné.

Au bout de quelques minutes, tout le monde peut prendre son allure de course et vous vous rendez rapidement compte que le meneur d'allure est trop lent pour vous.

Si vous décidez de rester avec lui, rendez-vous au **chapitre 8.**

Si vous préférez accélérer pour rattraper le meneur d'allure 3h, rendez-vous au **chapitre 153.**

195

Quelques jours de repos suffisent à faire disparaitre votre douleur au mollet.

Vous reprenez l'entrainement progressivement pour être sûr de ne pas raviver votre blessure.

Le jour du marathon se rapproche et vous vous sentez en forme.

Rendez-vous au **chapitre 172** pour prendre le départ de la course.

196

Vous préférez rester dans ce groupe pour garder une allure régulière et éviter une accélération au 10ᵉ km. Vous regardez de nouveau votre montre et recalculez les temps de passage pour un marathon en 3h. Vous comprenez alors que vous premier calcul était erroné puisque maintenant, le chrono affiché correspond parfaitement à une allure de 3h au marathon.

Vous continuez dans ce groupe, serein.

Vous arrivez au ravitaillement du 15ᵉ km.

Si vous décidez de prendre quelque chose, rendez-vous au **chapitre 312.**

Si vous préférez ne rien prendre, rendez-vous au **chapitre 278.**

197

Vous lui faites signe que vous ne voulez pas répondre à ses questions. Le journaliste n'insiste pas et s'éloigne de vous.

Cette intervention de la moto vous a fait rater un ravitaillement et vous sentez que vous avez la gorge sèche.

Quelques minutes plus tard, un spectateur vous tend une bouteille.

Si vous désirez la prendre, rendez-vous au **chapitre 419.**

Si vous préférez ne pas la prendre, rendez-vous au **chapitre 232.**

198

Vous prenez un gobelet d'eau et avalez juste de quoi hydrater votre gorge. Cela vous suffit et vous accélérez progressivement pour revenir sur le meneur d'allure 4h30.

C'est chose faite quelques kilomètres plus tard.

Rendez-vous au **chapitre 143.**

199

PAN !

Le départ est donné.

Vous commencez à courir en restant proche du meneur d'allure.

Mais au bout de quelques minutes, vous commencez à transpirer et vous ne vous sentez pas à l'aise dans votre tenue.

Si vous décidez de continuer de courir ainsi, rendez-vous au **chapitre 159.**

Si vous préférez vous arrêter pour enlever votre pull et survêtement, rendez-vous au **chapitre 112.**

200

Le soir de chaque entrainement, vous prenez le temps de vous étirer tout le corps. Même si c'est contraignant, vous sentez vos muscles détendus le lendemain de chaque séance.

Au bout de plusieurs jours, vous sentez que le travail commence à payer et particulièrement aujourd'hui où vous venez de terminer un entrainement difficile avec de bonnes sensations.

Sous votre douche, vous vous sentez en forme et hésitez sur ce que vous allez faire le lendemain :

Si vous choisissez de réaliser de nouveau une séance difficile pour surfer sur cette vague de bonnes sensations, rendez-vous au **chapitre 24.**

Si vous décidez de réaliser ce que le plan d'entrainement prévoit, rendez-vous au **chapitre 264.**

Si vous préférez vous octroyer une journée de repos, rendez-vous au **chapitre 397.**

201

Vous faites l'effort pendant quelques minutes avec comme point de mire le drapeau du meneur d'allure. Vous parvenez à revenir sur le groupe juste après le 10e km.

Après quelques kilomètres passés à l'allure du meneur, vous vous sentez à l'aise.

Si vous décidez de doubler pour continuer de courir à une allure plus rapide, rendez-vous au **chapitre 81.**

Si vous préférez rester avec ce groupe, rendez-vous au **chapitre 339.**

202

Vous sautez dans la foulée d'un des coureurs. Cela vous demande un effort conséquent mais vous parvenez à tenir l'allure.

Vous restez dans ce groupe pendant plusieurs kilomètres en restant concentré sur votre respiration et votre foulée.

Mais, soudain, vous sentez comme un petit caillou dans votre chaussure, qui vous gêne.

Si vous décidez de vous arrêter, rendez-vous au **chapitre 78.**

Si vous préférez continuer de courir, rendez-vous au **chapitre 70.**

203

Vous aidez Stéphane à se relever et vous quittez ensemble la course.

Une fois votre chambre d'hôtel retrouvée, vous vous douchez et vous vous changez pour ensuite profiter d'un bon verre de vin dans une des rues qui bordent le parcours du marathon.

Vous vous jurez de le refaire l'année prochaine.

204

Vous franchissez la ligne d'arrivée, heureux d'en finir.

Vous regardez votre chrono : 2h35.

La course vous a paru longue et courte en même temps.

Vous avez déjà envie de vous lancer dans une nouvelle préparation marathon.

205

Vous passez la ligne d'arrivée, heureux d'en terminer.

Vous regardez votre chrono : 4h08.

Vous vous dites que vous pourrez faire mieux la prochaine fois en évitant tous les pièges de la préparation et de la course !

206

Vous repartez seul.

Au bout de quelques kilomètres, vous trouvez un groupe de coureurs qui semblent avoir la même vitesse que vous. Cela vous permet de vous caler dans leurs foulées et de ne pas avoir à réfléchir à la vitesse à laquelle courir.

Un des concurrents de votre groupe, en vous tendant son smartphone, vous demande alors si vous voulez bien le prendre en photo.

Si vous acceptez, rendez-vous au **chapitre 243.**

Si vous préférez refuser, rendez-vous au **chapitre 259.**

207

Vous vous concentrez pour parvenir à vous uriner dessus. Cela vous demande un réel effort pour faire sauter les verrous psychologiques qui, habituellement, vous en empêchent.

Au bout de quelques instants, vous sentez enfin un liquide chaud glisser le long de vos jambes. Vous vous sentez honteux mais libéré d'un poids.

PAN !

Le bruit du pistolet vous fait sortir de votre torpeur. Vous pouvez enfin commencer à courir.

Si vous décidez de vous coller au meneur d'allure, rendez-vous au **chapitre 187.**

Si vous préférez courir en fonction de vos sensations, rendez-vous au **chapitre 105.**

208

Vous vous arrêtez aux côtés de Stéphane et tentez de le remotiver pour continuer ensemble. Mais il vous explique qu'il a une grosse douleur à la cheville qui l'empêche de courir.

Vous comprenez qu'il n'a d'autre solution que d'abandonner.

Si vous décidez de ne pas le laisser tout seul et d'abandonner avec lui, rendez-vous au **chapitre 203.**

Si vous préférez reprendre votre course, rendez-vous au **chapitre 277.**

209

C'est une véritable ovation lorsque vous franchissez la ligne d'arrivée en portant votre concurrent direct. Vous regardez le chrono au-dessus de votre tête : 2h02.

Le temps réalisé n'a plus aucune importance pour vous. Aider ce concurrent, qui avait lutté à vos côtés pendant toute la course, était, à vos yeux, essentiel.

Vous sortez grandi de cette course et vous avez marqué l'histoire de la course à pied.

Dans les jours suivants, les chaines et les réseaux sociaux sont en boucle sur votre exploit et votre générosité.

Vous êtes devenu un exemple pour tous les sportifs.

210

Vous faites signe au journaliste que vous ne souhaitez pas répondre à ses questions.

Alors qu'il s'éloigne de vous, votre téléphone sonne. Vous décrochez machinalement. Vous reconnaissez immédiatement la voix de votre mère qui vous passe un savon car elle vient de vous voir refuser une interview à la télévision. Elle ne comprend pas pourquoi vous n'avez pas voulu répondre aux questions, qu'elle aurait été fière de vous. Cela vous agace et le ton monte entre vous. Sans vous en rendre compte, vous ralentissez, finissant même par marcher jusqu'à la fin de la conversation qui dure plusieurs minutes.

Lorsque vous raccrochez, vous êtes énervé.

Si vous décidez d'accélérer pour vous défouler, rendez-vous au **chapitre 12.**

Si vous préférez courir tranquillement pour vous calmer, rendez-vous au **chapitre 271.**

211

Vous continuez tout seul. Vous vous concentrez sur chaque foulée pour ne pas faiblir même si vous regrettez un peu de ne pas pouvoir partager ces derniers moments de course avec un concurrent.

Vous arrivez dans la dernière ligne droite, rendez-vous au **chapitre 177.**

212

Vous vous arrêtez sur le bord du parcours et vous vous étirez le mollet contre le rebord du trottoir. Vous maintenez la position pendant à peine une minute, jusqu'à ce que vous sentiez votre muscle se décontracter complétement.

Vous repartez en courant et êtes soulagé de sentir que votre mollet n'est pas réticent à cette idée.

Quelques minutes plus tard, vous passez le 30e km. Vous voyez des coureurs autour de vous qui commencent à ralentir, d'autres craquent complétement.

Vous apercevez devant vous un groupe qui semble en difficulté.

Si vous décidez de les rattraper, rendez-vous au **chapitre 106.**

Si vous choisissez de garder votre rythme actuel, rendez-vous au **chapitre 66.**

Si vous préférez attendre le groupe qui est derrière vous, rendez-vous au **chapitre 238.**

213

Vous ralentissez pour profiter de cet instant unique. Vous comprenez alors toutes ces heures d'entrainement, ces moments de souffrance. Tout cela prend son sens maintenant, dans cette dernière ligne droite. Vous êtes euphorique, vous avez l'impression d'être sur un petit nuage, de pouvoir courir encore des heures. Vous vous rapprochez des spectateurs et tapez dans la main de ceux qui vous la tendent.

Vous franchissez finalement la ligne d'arrivée, rendez-vous au **chapitre 263.**

214

Vous restez dans ce groupe et vous venez vous caler tout proche de la première féminine. Elle vous semble très à l'aise à cette allure avec une foulée optimale. A côté d'elle, votre allure parait heurtée. Malgré tout, vous tenez sa vitesse même si cela vous demande de rester bien concentré sur votre respiration qui devient de plus en plus bruyante.

Quelques kilomètres après, la femme se tourne vers vous et vous demande de vous écarter car votre respiration est devenue très gênante pour tous les coureurs qui vous entourent.

Si vous décidez de rester à ses côtés, rendez-vous au **chapitre 385.**

Si vous choisissez de vous écarter, rendez-vous au **chapitre 262.**

Si vous préférez accélérer, énervé, rendez-vous au **chapitre 103.**

215

Il ne reste plus que quelques secondes avant le départ…

PAN !

Vous sentez immédiatement une pression derrière vous et vous vous dites que si vous ne partez pas dans l'instant, vous vous ferez piétiner.

Mais votre intention est bien de partir vite pour rattraper le groupe de coureurs élites mené par les lièvres le plus rapidement possible.

Vous parvenez à vous caler dans la foulée de l'un d'eux au bout de seulement 200m.

Vous pouvez maintenant prendre votre allure de course en restant bien vigilant à vos sensations.

Les premières minutes passent très vite à une allure effrénée et vous arrivez déjà au 5e km.

Si vous décidez de prendre le ravitaillement, rendez-vous au **chapitre 444.**

Si vous préférez ne pas vous ravitailler pour l'instant, rendez-vous au **chapitre 406.**

216

Vous marchez et cela vous fait beaucoup de bien. Vous sentez vos muscles se détendre, votre souffle reprendre un rythme normal.

Plusieurs kilomètres plus tard, vous avez l'impression d'avoir repris pleine possession de vos moyens et vous vous sentez capable de recourir.

Vous arrivez rapidement dans le dernier kilomètre.

Si vous décidez de finir à fond, rendez-vous au **chapitre 95.**

Si vous préférez finir avec votre rythme actuel, rendez-vous au **chapitre 26.**

217

Vous sortez de la foule de coureurs et vous trouvez, quelques minutes plus tard, des toilettes placées par l'organisation mais il y a énormément de monde qui attend pour se soulager. Vous ne savez pas si vous le temps de patienter.

Si vous décidez d'essayer de trouver un bar, rendez-vous au **chapitre 51.**

Si vous préférez ne pas aller aux toilettes et retourner au départ, rendez-vous au **chapitre 331.**

218

Vous continuez sans ralentir et prenez quelques mètres d'avance sur les autres coureurs qui, eux, ont pris le temps d'absorber leur ravitaillement personnel.

Sur les kilomètres suivants, vous commencez à sentir vos forces qui vous quittent. Vous luttez pour rester derrière les lièvres jusqu'à ce que vous ne puissiez plus tenir. Vous êtes obligé de ralentir pour ne pas vous arrêter. Vous laissez partir les coureurs élites avec regret, et de plus en plus de personnes vous doublent.

Vous arrivez au semi-marathon, mais vous n'êtes plus sur les bases de moins de 2h au marathon, rendez-vous au **chapitre 89.**

219

Vous passez la ligne d'arrivée, heureux d'en terminer.
Vous regardez votre chrono : 6h41.

Vous vous dites que vous pourrez faire mieux la prochaine fois en évitant tous les pièges de la préparation et de la course !

220

Vous passez le panneau du semi-marathon. Vous jetez un coup d'œil à votre montre : 2h.

Juste après ce panneau vous arrivez sur un ravitaillement. Vous êtes surpris de voir le meneur d'allure 4h s'y arrêter.

Si vous décidez de l'attendre, rendez-vous au **chapitre 136.**

Si vous préférez continuer sans l'attendre, rendez-vous au **chapitre 388.**

221

En voulant couper brusquement, vous trébuchez en vous prenant les pieds dans la foulée d'un autre coureur. Vous perdez l'équilibre et chutez sur la route.

Il vous faut quelques minutes pour vous en remettre et pouvoir vous redresser. En essayant de courir, vous sentez qu'il va vous falloir quelques kilomètres avant de pouvoir retrouver votre allure initiale. Vous repartez en trottinant.

Quelques minutes plus tard, alors que de bonnes sensations commencent à revenir, vous sentez un point de côté se former.

Si vous décidez de ramasser un caillou au sol pour le serrer dans votre main tout en continuant de courir, rendez-vous au **chapitre 184.**

Si vous décidez de marcher, rendez-vous au **chapitre 436.**

Si vous préférez continuer de courir tout en appuyant fort à l'endroit de votre douleur, rendez-vous au **chapitre 82.**

222

Vous passez la ligne d'arrivée, heureux d'en terminer.

Vous regardez votre chrono : 6h08.

Vous vous dites que vous pourrez faire mieux la prochaine fois en évitant tous les pièges de la préparation et de la course !

223

Au bout de plusieurs jours, la douleur n'est toujours pas passée et il vous est encore impossible de marcher normalement.

C'est à regret que vous vous rendez à l'évidence : vous ne pourrez pas courir le marathon de Paris.

L'aventure s'arrête là pour vous…

224

Vous restez régulier et sérieux dans votre entrainement tout en profitant de cette semaine de vacances.

Vous revenez chez vous en pleine forme et vous sentez que vous avez fait de réels progrès depuis quelques semaines. Vous vous dites que vous êtes capable de performer lors de votre course.

Rendez-vous au **chapitre 172** pour le départ de votre marathon.

225

Vous vous placez avec d'autres coureurs dans le sas 4h, proche du meneur d'allure.

Vous attendez le départ de la course avec une certaine anxiété. Plus les secondes passent, plus vous avez des difficultés à gérer votre stress.

Quelques minutes avant d'être libéré, vous avez brusquement envie d'aller aux toilettes.

Si vous décidez de sortir du sas pour trouver des toilettes, rendez-vous au **chapitre 409.**

Si vous préférez ne pas aller aux toilettes et attendre le départ, rendez-vous au **chapitre 169.**

226

Vous décidez d'arrêter votre préparation marathon pour sauver votre couple. C'est une décision raisonnable et quelques semaines plus tard, une fois la frustration passée, vous êtes persuadé d'avoir fait le bon choix.

Votre aventure s'arrête là.

227

Vous lui expliquez avec beaucoup de tact que sa respiration est très forte et vous lui demandez si c'est possible de ne pas hurler à chaque expiration. Il vous répond, avec beaucoup moins de diplomatie, d'accélérer si vous n'êtes pas content. Vous sentez la colère monter en vous.

Si vous décidez d'accélérer, rendez-vous au **chapitre 41.**

Si vous préférez insister pour qu'il fasse moins de bruit, rendez-vous au **chapitre 173.**

228

Vous sortez de votre chambre d'hôtel en tenue de course, prêt à en découdre. Vous vous trouvez à 2km du départ du marathon.

Si vous décidez d'y aller en métro, rendez-vous au **chapitre 355.**

Si vous préférez y aller en courant, rendez-vous au **chapitre 235.**

229

Vous ne ressentez pas le besoin de vous hydrater et vous continuez de courir avec le groupe de tête.

Quelques minutes plus tard, les lièvres s'écartent pour laisser place à la deuxième partie de course. Vous vous sentez seul face aux quelques marathoniens professionnels qui vous entourent. Vous n'êtes plus qu'une petite dizaine de coureurs à espérer pouvoir remporter ce marathon.

Vous êtes dans vos pensées lorsque trois coureurs accélèrent pour s'extirper du groupe. Ils prennent rapidement quelques mètres d'avance.

Si vous décidez de les suivre, rendez-vous au **chapitre 380.**

Si vous choisissez de continuer sur votre rythme actuel, rendez-vous au **chapitre 142.**

Si vous préférez relancer pour distancer ceux qui viennent d'attaquer, rendez-vous au **chapitre 308.**

230

Vous continuez ainsi, en sous-vêtement. Vous portez un petit boxer et vous vous dites que ça pourrait très bien être un short très court comme on en voit parmi les coureurs.

Vous revenez progressivement sur le meneur d'allure 3h30 au moment du ravitaillement du 15e km.

Si vous décidez de ne rien prendre, rendez-vous au **chapitre 279.**

Si vous choisissez de manger du chocolat, rendez-vous au **chapitre 334.**

Si vous préférez avaler un gel énergétique proposé par l'organisation, rendez-vous au **chapitre 166.**

231

Vous augmentez votre vitesse et rattrapez des centaines de coureurs qui vous paraissent déjà en perdition.

Vous parvenez à rattraper le meneur d'allure 4h juste avant le semi-marathon.

Rendez-vous au **chapitre 220.**

232

Vous passez à côté du spectateur sans prendre sa bouteille.

Finalement, cette sensation de gorge sèche n'a pas d'autres conséquences. Vous continuez jusqu'au ravitaillement suivant où vous pouvez vous désaltérer avec quelques gorgées d'eau.

Depuis un moment, vous courez avec le même petit groupe de coureurs et sans dire un mot, vous avez l'impression qu'un lien particulier se construit entre vous.

Au 35e km, un des coureurs à côté de vous fait un malaise.

Si vous décidez de l'aider, rendez-vous au **chapitre 370.**

Si vous préférez continuer de courir, rendez-vous au **chapitre 164.**

233

Vous commencez à vous échauffer avec les autres coureurs du club. Au bout de quelques minutes, votre entraineur vous appelle.

« Tout va bien ? Ta foulée est différente aujourd'hui ? vous demande-t-il, inquiet.

- J'ai une petite douleur au mollet, mais ça va aller, lui répondez-vous ne voulant pas rater cette séance.

- Tu vas prendre quelques jours de repos. Quand ça ira mieux, tu m'appelles et on adapte le programme ».

Vous rentrez chez vous, déçu de ne pas avoir couru mais vous vous dites que le repos est sans doute la meilleure chose à faire.

Deux jours se passent et vous ne ressentez plus rien au mollet.

Vous reprenez votre entrainement normalement.

Au fil des séances, vous vous sentez de mieux en mieux et vous demandez à votre entraineur d'augmenter le nombre de séances.

Si vous décidez d'ajouter deux entrainements par semaine, rendez-vous au **chapitre 236.**

Si, finalement, vous voulez garder le même nombre d'entrainement par semaine, rendez-vous au **chapitre 267.**

234

Vous vous inscrivez dans plusieurs groupes Facebook de course à pied et vous y postez le même message :

« Bonjour à tous, je viens de m'inscrire au marathon de Paris avec comme objectif de le courir en moins de 2h. Quels conseils avez-vous à me donner ? Sachant que je suis débutant… Merci ».

Vous recevez beaucoup de réponses se moquant de votre message mais certaines d'entre elles retiennent votre attention :

« Il faut courir au minimum 3h par jour à intensité maximale et cela pendant 3 mois ! ».

Vous trouvez ce conseil intéressant. Vous ne perdez pas de temps et enfilez vos chaussures de sport pour partir courir 3h !

Vous revenez au bout d'à peine 1h, épuisé, mais ce n'est pas le pire : une forte douleur derrière le genou vous empêche de marcher pendant plusieurs jours.

Rendez-vous au **chapitre 223.**

235

Vous commencez à courir doucement. Vous savez que vous avez le temps alors vous ne voulez pas vous fatiguer. Cela permet de vous échauffer avant la course.

Vous voyez de plus en plus de coureurs autour de vous. Une chose est sûre, vous ne risquez pas de vous sentir seul pendant le marathon !

Vous arrivez près du départ et repérez votre sas.

Vous vous faufilez et réussissez à vous placer au plus près du meneur d'allure 3h.

Rendez-vous au **chapitre 241.**

236

Votre entraineur hésite mais finalement accepte de vous ajouter 2 entrainements par semaine. Il vous sent capable de les faire.

Vous lui donnez raison car, au bout de quelques semaines, vos chronos à l'entrainement s'améliorent de manière inattendue. Vous ne ressentez pas de douleur ou de fatigue particulière.

Cela vous fait poser des questions sur votre objectif final pour ce marathon.

Si vous décidez de vous donner comme objectif de courir le marathon en moins de 2h, rendez-vous au **chapitre 3.**

Si vous préférez continuer votre programme d'entrainement actuel, rendez-vous au **chapitre 424.**

237

Vous accélérez progressivement laissant derrière vous votre nouvel ami. Vous vous dites que vous pourrez toujours le retrouver après l'arrivée.

Vous vous retrouvez seul et vous n'avez qu'une hâte : voir enfin la ligne d'arrivée. Mais il vous reste encore de nombreux kilomètres avant d'y parvenir.

Alors que la lassitude de la course commence à l'emporter sur votre mental, vous arrivez sur une place où vous croisez des coureurs, dans l'autre sens, qui ont de l'avance sur vous.

Si vous décidez de couper pour les rejoindre, rendez-vous au **chapitre 240.**

Si vous préférez continuer de courir sans tricher, rendez-vous au **chapitre 377.**

238

Vous relâchez légèrement votre effort jusqu'à vous faire rattraper par un groupe d'une dizaine de coureurs. Mais au bout de quelques minutes, vous avez l'impression d'être dans un faux rythme.

Le groupe continue de ralentir. Vous vous en rendez compte lorsque le meneur d'allure 3h30 vous rattrape. C'est alors que vous sentez un caillou dans votre chaussure.

Si vous décidez de vous arrêter pour l'enlever, rendez-vous au **chapitre 412.**

Si vous préférez continuer de courir, rendez-vous au **chapitre 53.**

239

Il ne vous reste plus que quelques kilomètres et vous serrez les dents pour tenir cette allure bien supérieure à votre vitesse habituelle.

A seulement un kilomètre de l'arrivée, chaque foulée est devenue douloureuse et vous avez l'impression que vous pouvez vous écrouler à tout moment. Mais vous tenez bon et vous arrivez enfin dans la dernière ligne droite.

Rendez-vous au **chapitre 403.**

240

Vous coupez et vous vous fondez directement dans un groupe. Le rythme est bien plus rapide qu'à votre habitude et vous ne savez pas si vous allez réussir à tenir longtemps.

Quelques instants plus tard, vous passez le panneau du 41ᵉ km, vous êtes soulagé car vous savez que vous pourrez courir à cette vitesse sur le dernier kilomètre.

Vous arrivez dans la dernière ligne mais vous ne pouvez complétement vous réjouir. Vous vous sentez honteux et vous avez l'impression d'avoir volé votre propre course.

Rendez-vous au **chapitre 425.**

241

Vous êtes idéalement placé dans le sas 3h mais vous sentez le stress monter quelques minutes avant le départ.

Subitement, vous avez une envie insupportable d'aller aux toilettes. Vous vous retenez quelques instants mais vous ne savez pas si vous pourrez courir comme ça.

Si vous décidez de sortir du sas pour trouver des toilettes, rendez-vous au **chapitre 347.**

Si vous choisissez de trouver un endroit tranquille pour vous soulager, rendez-vous au **chapitre 438.**

Si vous préférez vous uriner dessus, rendez-vous au **chapitre 207.**

242

Vous contactez Mat qui s'empresse de vous donner des conseils et vous établit un plan d'entrainement que vous suivez à la lettre. Au fur et à mesure de vos séances, vous lui envoyez vos ressentis et il adapte par la suite votre programme. Cela vous semble sérieux et efficace.

Vous vous améliorez et aimeriez en faire profiter les autres sur les réseaux sociaux.

Si vous décidez de publier vos entrainements sur Facebook, rendez-vous au **chapitre 28.**

Si vous préférez les garder pour vous, rendez-vous au **chapitre 305.**

243

Vous le prenez rapidement en photo avant de lui rendre son appareil. Vous discutez ensuite avec lui. Vous continuez de courir à ses côtés et vous vous rendez compte qu'il maintient un bon rythme de course. Au bout de quelques kilomètres, vous sentez qu'il est en train d'accélérer.

Si vous décidez de le suivre, rendez-vous au **chapitre 345.**

Si vous préférez maintenir votre rythme actuel, rendez-vous au **chapitre 330.**

244

Vous prenez un morceau de chocolat, un quartier d'orange et des raisins secs dans votre main avant de repartir. Vous grignotez tout cela en continuant de courir. Cela vous fait du bien et vous continuez d'avancer à la même vitesse.

Vous rattrapez le meneur d'allure 4h quelques minutes plus tard, juste avant le semi-marathon, rendez-vous au **chapitre 220.**

245

Vous vous sentez de moins en moins bien et votre rythme ralentit malgré tous vos efforts.

Il faut attendre le ravitaillement suivant et quelques verres d'eau et fruits secs pour que vos forces reviennent progressivement.

Quelques minutes plus tard, vous courez sur un boulevard où vous croisez, dans l'autre sens, des coureurs qui ont du retard sur vous.

C'est alors que vous observez un concurrent de l'autre côté, couper la route pour se retrouver dans votre sens et ainsi gagner de nombreux kilomètres.

Si vous décidez d'aller lui demander de retourner d'où il vient, rendez-vous au **chapitre 167**.

Si vous préférez ne rien dire, rendez-vous au **chapitre 410**.

246

Vous faites demi-tour et slalomez à contrecourant entre les coureurs. Vous parvenez à revenir à l'endroit où vous avez croisé le regard de cette belle inconnue mais vous n'arrivez pas à la retrouver. Vous passez quelques minutes à longer le trottoir sur plusieurs dizaines de mètres pour la voir mais vous comprenez maintenant que c'est sans espoir.

Vous êtes complétement dépité. Vous avez le sentiment d'être passé à côté de l'amour de votre vie. Vous n'avez plus la tête à courir.

Vous abandonnez.

247

Vous attrapez la bouteille et avalez deux grandes gorgées qui vous font un bien fou. Vous êtes surpris de ne pas avaler de l'eau. C'est une boisson sucrée, très agréable.

Naturellement et sans forcer, vous accélérez progressivement laissant vos trois adversaires derrière vous. Vous vous sentez invincible, la foulée légère.

Au bout de quelques minutes, vous êtes trop loin devant pour que vos adversaires ne vous voient.

Vous arrivez dans la dernière ligne droite, vous êtes euphorique. Le public vous porte par ses applaudissements.

Vous franchissez la ligne d'arrivée en 1h55. Vous n'en revenez pas. Tout a été si facile depuis le semi-marathon !

Après les interviews et les félicitations, vous passez le contrôle anti-dopage.

Le résultat tombe quelques jours plus tard : vous êtes contrôlé positif. Vous êtes destitué de votre record. Toutes les personnes qui vous idolâtraient deviennent vos ennemis.

En réfléchissant, une seule chose explique votre contrôle positif : cette boisson que vous avez avalée après le semi-marathon.

Toute votre vie, votre nom sera assimilé à la triche et au dopage.

248

Une fois la ligne d'arrivée franchie, vous regardez votre chrono : 3h03.

Vous êtes un peu frustré de ne pas être passé sous les 3h et vous vous en voulez d'avoir répondu à cet appel téléphonique.

Vous vous jurez de recourir un marathon pour faire mieux !

249

Vous le suivez en coupant aussi à travers la route pour vous retrouver à ses côtés au milieu de coureurs beaucoup plus rapides que vous.

Alors que vous apercevez le panneau du 41e km, vous comprenez que si vous restez de ce côté, vous êtes quasiment à l'arrivée.

Si vous décidez de dire au coureur de revenir avec vous du bon côté, rendez-vous au **chapitre 141.**

Si vous préférez rester de ce côté car vous êtes bientôt arrivé, rendez-vous au **chapitre 251.**

250

Vous sortez vos écouteurs et commencez à lancer vos premiers morceaux de musique. Cela vous motive et vous accélérez sans même vous en rendre compte. Au bout de quelques kilomètres de course, vous rattrapez le meneur d'allure 3h30.

Mais les musiques suivantes sont plus mélancoliques et vous ralentissez, bercé par le rythme lent. Vous êtes progressivement rattrapé puis doublé par le meneur d'allure 4h.

Si vous décidez de rester avec le meneur 4h et d'arrêter votre musique, rendez-vous au **chapitre 57.**

Si vous préférez continuer à écouter de la musique, rendez-vous au **chapitre 42.**

251

Vous finissez le dernier kilomètre en serrant les dents pour pouvoir tenir le rythme des coureurs à vos côtés et mieux vous fondre dans le décor.

Après un effort maximal, vous arrivez enfin dans la dernière ligne droite. Un sentiment de honte vous submerge, vous avez l'impression d'avoir volé votre propre marathon.
Rendez-vous au **chapitre 99.**

252

Vous connaissez votre rythme cardiaque à ne pas dépasser. Vous jetez continuellement un œil sur votre montre pour vérifier les données. Au regard de votre fréquence cardiaque, vous savez que vous avez encore de la marge. Vous en profitez pour accélérer.

Mais au bout de quelques minutes, malgré un rythme cardiaque toujours correct, vos sensations sont très mauvaises, vous vous sentez complétement cuit et vous avez l'impression que votre cœur va sortir de votre cage thoracique. Vous êtes obligé de marcher pour récupérer.

Etonné que vos données sur votre montre ne changent pas, vous touchez à quelques boutons qui relancent les informations affichées sur votre écran. Vous comprenez alors que votre montre ne fonctionnait plus et que ses données étaient fausses.

Il vous faut de longues minutes de marche pour récupérer de votre effort trop soutenu.

Vous repartez enfin avec le meneur d'allure 5h.

Le rythme est plus lent que ce que vous imaginiez et vous en profitez pour discuter avec les coureurs autour de vous.

Alors que vous vous entendez très bien avec un des concurrents, il vous propose de continuer de courir ensemble, jusqu'à l'arrivée, mais vous sentez qu'il commence à ralentir.

Si vous décidez de rester avec lui, rendez-vous au **chapitre 138.**

Si vous préférez accélérer pour le laisser seul, rendez-vous au **chapitre 237.**

253

Vous tombez sur un grand nombre de groupes Facebook parlant de course à pied. Tous les participants donnent des conseils. Vous passez des heures à lire toutes les questions et réponses des coureurs.

Vous avez trouvé là une source inépuisable d'informations !

Mais parmi tous ces conseils et tous ces spécialistes comment faire son choix ?

Si vous choisissez de suivre les conseils de Pat Marathonien, rendez-vous au **chapitre 396.**

Si vous choisissez de suivre les conseils de Luc 42km, rendez-vous au **chapitre 353.**

Si vous choisissez de suivre les conseils de Mat the best runner, rendez-vous au **chapitre 242.**

Si vous choisissez de suivre les conseils de Helen runneuse, rendez-vous au **chapitre 281.**

Si vous préférez trouver un plan d'entrainement dans un magazine ou sur un site internet, rendez-vous au **chapitre 371.**

254

Vous essayez de maintenir votre rythme mais au bout de quelques instants vous avez la tête qui tourne et vous ne parvenez plus à courir. Vous êtes contraint de marcher sur les derniers kilomètres de votre marathon.

Au bout de longues minutes, vous arrivez enfin dans la dernière ligne droite.

Rendez-vous au **chapitre 374.**

255

Vous ne voulez pas priver ce spectateur de son pain au chocolat et vous continuez d'avancer sans vous retourner.

Vous regrettez votre décision l'instant d'après car vous n'avez plus la force de courir. Vous vous mettez à marcher en espérant vous sentir mieux.

Vous continuez ainsi quelques minutes jusqu'à trouver un nouveau ravitaillement où vous ingurgitez tout ce que vous trouvez sur les tables.

Vous marchez encore pour digérer et vous repartez doucement jusqu'à vous faire doubler par le meneur d'allure 3h30. Vous parvenez à vous mettre dans sa foulée et vous vous rendez compte que vous êtes capable de tenir sans vous mettre dans le rouge.

Rendez-vous au **chapitre 147.**

256

Après quelques minutes dans la foulée du meneur 4h30, vous accélérez de nouveau.

Vous apercevez rapidement le drapeau du meneur d'allure 4h.

Si vous décidez de continuer à ce rythme sans vous soucier du meneur d'allure devant vous, rendez-vous au **chapitre 344.**

Si vous préférez accélérer davantage pour le rejoindre, rendez-vous au **chapitre 360.**

257

Vous ralentissez progressivement pour faire disparaitre cette sensation de jambes lourdes. Mais malgré cette stratégie prudente, vos jambes ne sont pas aussi légères que vous l'espériez, vous êtes obligé de ralentir davantage.

Vous arrivez au semi-marathon avec de mauvaises sensations et vous savez maintenant que vous n'arriverez pas à courir en moins de 2h au marathon, rendez-vous au **chapitre 89.**

258

Vous partez seul, sans accélération brutale, juste en gardant votre rythme. Les autres coureurs semblent étonnés de voir un inconnu s'échapper du groupe de tête mais vous savez au fond de vous que vous en êtes capable.

Au 15e km, vous êtes toujours devant mais, progressivement, sans vous en rendre réellement compte, vous commencez à ralentir. Vous avez l'impression de toujours courir au même rythme mais il n'en est rien, vous perdez du temps, seconde après seconde.

Le groupe de tête revient sur vous et alors que vous pensiez pouvoir facilement garder le contact, vous êtes incapable de relancer votre allure. Vos sensations se détériorent brutalement, vos jambes sont lourdes, vous avez le souffle court. Vous êtes obligé de marcher quelques minutes pour récupérer et vous étirer.

Si vous décidez d'abandonner la course, vous pouvez reprendre votre aventure du début.

Si vous préférez continuez, sans aucune chance de courir sous les 2h au marathon, rendez-vous au **chapitre 162.**

259

Vous refusez et vous vous éloignez du coureur pour vous retrouver seul. Sans vous en rendre réellement compte, vous ralentissez progressivement.

Alors que vous arrivez sur une place, vous apercevez de l'autre côté des coureurs qui ont de l'avance sur vous. Vos jambes sont lourdes et vous avez des doutes sur votre capacité à terminer la course.

Si vous décidez de couper pour vous retrouver de l'autre côté de la place et n'avoir plus que quelques kilomètres à courir, rendez-vous au **chapitre 240.**

Si vous préférez continuer sans tricher, rendez-vous au **chapitre 377.**

260

Vous vous rendez au mariage de votre meilleur ami. Vous passez une soirée agréable sans alcool et vous allez vous coucher avant minuit. Vous êtes bien conscient que la soirée ne fait que commencer pour votre meilleur ami mais vous êtes persuadé d'avoir pris la bonne décision pour pouvoir performer le lendemain sur le marathon.

Rendez-vous au **chapitre 317** pour le début de votre marathon !

261

Vous restez aux côtés du meneur d'allure. Au fil des kilomètres, vous sentez que tout le groupe ralenti.

Alors que vous hésitez à partir devant, vous entendez une moto venir vers vous. Vous vous retournez et voyez un journaliste de la télévision avec son caméraman monter à votre hauteur. Il vous demande si vous acceptez de répondre à des petites questions pour le direct.

Si vous acceptez, rendez-vous au **chapitre 421.**

Si vous préférez refuser et vous écarter de la moto, rendez-vous au **chapitre 337.**

262

Vous vous écartez de quelques mètres sur le côté. Mais au bout de quelques instants, vous comprenez que vous gênez toujours la concentration de la première féminine et de tout le groupe qui l'accompagne.

Si vous décidez, malgré tout, de rester à côté d'elle, rendez-vous au **chapitre 385.**

Si vous préférez accélérer, agacé, rendez-vous au **chapitre 103.**

263

Une fois la ligne d'arrivée franchie, vous regardez votre chrono : 2h49.

Vous êtes content d'avoir fini sous les 3h mais vous vous dites que vous êtes encore capable de mieux. Peut-être sur un prochain marathon…

264

Le lendemain, c'est journée farniente au programme. Vous vous reposez et vous sentez que cela fait du bien à votre corps de pouvoir souffler un peu.

Alors que vous vous projetez déjà sur la séance du lendemain, votre travail vous appelle pour vous annoncer que vous serez en déplacement les 3 prochains jours avec un planning très chargé. Vous comprenez tout de suite qu'il vous sera impossible de vous entrainer.

Vous réfléchissez à ce que vous ferez ensuite.

Si vous décidez de compenser ces 3 jours sans entrainement en allant courir deux fois par jour pendant les 3 jours suivants, rendez-vous au **chapitre 439.**

Si vous choisissez de continuer votre plan d'entrainement normalement comme si vous aviez couru pendant ces 3 jours, rendez-vous au **chapitre 63.**

Si vous préférez oublier votre plan d'entrainement et aller courir au feeling, quand vous en avez envie, rendez-vous au **chapitre 179.**

265

Vous repartez sans attendre votre meneur d'allure. Les premières minutes, vous avez des difficultés à trouver le bon rythme.

Si vous décidez de courir en fonction de ce que vous annonce votre cardiofréquencemètre, rendez-vous au **chapitre 252.**

Si vous préférez courir aux sensations, rendez-vous au **chapitre 38.**

266

Vous allégez quelques entrainements pour mieux récupérer et cela paie. Au bout de quelques jours, vous sentez que votre forme revient et vos sensations sont bien meilleures en courant.

Maintenant, vous avez l'impression de pouvoir en faire plus.

Si vous décidez d'ajouter du renforcement musculaire à vos entrainements de course, rendez-vous au **chapitre 29.**

Si vous préférez ne rien changer, rendez-vous au **chapitre 37.**

267

Les entrainements s'enchainent et vous vous sentez de mieux en mieux. Vous ne ressentez ni douleur ni fatigue particulière.

Aujourd'hui, vous avez une séance sur piste et votre entraineur, comme d'habitude, vous annonce les allures que vous devez tenir pendant cette séance.

Vous commencez à courir et vous vous sentez léger avec une foulée dynamique. Vous n'aviez jamais ressenti ça jusqu'alors.

Si vous choisissez de maintenir les allures dictées par votre entraineur, rendez-vous au **chapitre 417.**

Si vous préférez vous tester en accélérant, rendez-vous au **chapitre 175.**

268

Vous avalez quelques fruits secs mais vous sentez immédiatement votre estomac qui refuse cette nourriture.

La réaction est violente. Vous vomissez plusieurs fois quelques mètres après le ravitaillement.

Vous essayez de repartir en courant, mais c'est impossible. Vous êtes vidé de vos forces mais vous ne voulez pas abandonner. Vous continuez en marchant jusqu'à l'arrivée.

Rendez-vous au **chapitre 374.**

269

Vous attrapez une barre énergétique sans vous arrêter et vous l'avalez en plusieurs bouchées tout en courant. Mais sans eau, vous avez du mal à avaler cette pâte épaisse. Elle tombe finalement dans votre estomac, mais vous sentez bien que ce n'est pas le type de nourriture que votre corps attendait.

Vous commencez à avoir des crampes d'estomac. Vous ne parvenez plus à tenir votre vitesse et ralentissez. Vous êtes obligé de marcher jusqu'au ravitaillement suivant où vous avalez deux grands verres d'eau. Quelques minutes plus tard, vous vous sentez mieux et vous repartez en trottinant lorsque le meneur d'allure 5h vous double. Vous prenez sa foulée alors que vous apercevez le panneau du semi-marathon devant vous.

Rendez-vous au **chapitre 155.**

270

Finalement, vous vous rendez compte que d'avoir vendu votre télévision est le meilleur choix que vous ayez fait. En effet, le temps que vous ne passez plus à regarder des séries, vous le passez avec votre famille et pour vous entrainer.

Avec ce temps libre, vous vous dites que vous pourriez vous entrainer plus.

Si vous décidez d'augmenter vos entrainements, rendez-vous au **chapitre 2.**

Si vous préférez garder le même rythme dans votre préparation, rendez-vous au **chapitre 87.**

271

Vous courez calmement mais cela ne vous permet pas de vous calmer. Vous ressassez la conversation d'avec votre mère et trouvez de nouveaux arguments à lui dire. Vous la rappelez et la discussion s'envenime rapidement, de nouveau. Vous vous remettez à marcher pour mieux vous concentrer sur votre appel.

La conversation vous mène jusqu'au dernier kilomètre. A la vue de ce panneau, vous raccrochez brutalement, vous rendant compte que vous n'avez pas profité de toute une partie de votre marathon.

Vous reprenez votre allure de course juste avant d'arriver dans la dernière ligne droite.

Rendez-vous au **chapitre 219.**

272

Vous faites demi-tour et slalomez en sens inverse à travers les autres coureurs.

Vous arrivez à l'endroit où vous aviez lamentablement laissé le concurrent, seul. Mais vous constatez qu'il n'y a plus personne. Vous vous dites que quelqu'un s'en est occupé ou qu'il a pu repartir.

Vous reprenez le sens de la course en retrouvant progressivement votre allure lorsque votre téléphone sonne.

Si vous décidez de répondre, rendez-vous au **chapitre 407.**

Si vous préférez ne pas répondre, rendez-vous au **chapitre 97.**

273

Vous vous arrêtez et en enlevant votre chaussure, vous vous rendez compte que ce n'est pas un caillou qui vous gêne mais une ampoule qui est en train de se former. En enlevant votre chaussette, vous faites éclater cette ampoule qui devient encore plus douloureuse. Votre pied est à vif.

Vous tentez de repartir en courant, mais vous n'arrivez pas à pousser sur le pied blessé. Vous êtes contraint de terminer en marchant.

Au bout de longues minutes, vous arrivez enfin dans la dernière ligne droite, rendez-vous au **chapitre 295.**

274

Vous partez dans la forêt pour courir tranquillement ce footing d'1h30.

Le contact avec la nature et le vent dans les feuilles vous font oublier votre douleur au mollet. Votre esprit s'évade et vous vous imaginez en train de courir le marathon, la foulée souple et la respiration facile. Mais vous n'êtes plus attentif à vos appuis et vous ne pouvez éviter une racine sur laquelle votre cheville vrille. La douleur est violente, insoutenable. Vous vous allongez au sol quelques instants.

Vous rentrez chez vous en boitillant, impossible de poser le pied blessé au sol.

Rendez-vous au **chapitre 223.**

275

Vous persévérez dans vos entrainements mais à la suite d'un long footing, vous ressentez une douleur à la cuisse. Malgré cela, vous retournez courir le surlendemain. Vous revenez de votre entrainement en boitant.
Rendez-vous au **chapitre 223.**

276

Vous parvenez à accélérer malgré tous les efforts que cela vous demande. Vous ne savez pas si vous allez pouvoir tenir toute cette fin de course à cette vitesse mais au moins vous n'entendez plus le bruit de la respiration du coureur qui est maintenant loin derrière vous.
Mais vous ne parvenez pas à encaisser cet effort violent et vous craquez quelques minutes plus tard. Vous ne pouvez faire autre chose que de marcher pour espérer récupérer. Vous voyez alors le coureur bruyant, et tous les autres concurrents à ses côtés, vous doubler. Cela vous donne de l'énergie pour repartir en courant mais à un rythme beaucoup plus lent.
Mais au bout de quelques foulées, vous sentez que vous avez la tête qui tourne.
Si vous décidez de continuer de courir lentement, rendez-vous au **chapitre 372.**
Si vous préférez de nouveau marcher, rendez-vous au **chapitre 216.**

277

Vous laissez votre ami sur le bord de la route et reprenez le chemin du parcours lorsque le meneur d'allure 5h vous rattrape.
Rendez-vous au **chapitre 155.**

278

Vous passez à côté des tables de ravitaillement sans même ralentir. Vous êtes finalement obligé de lever le pied car tout le groupe, y compris le meneur, a levé le pied pour récupérer tout en courant quelque chose à manger.
Vous comprenez leur geste quelques kilomètres après, lorsque vous sentez vos forces vous quitter. Vous commencez à avoir la tête qui tourne et cherchez du regard quelque chose à manger.

Vous apercevez un spectateur avec un pain au chocolat dans les mains.

Si vous décidez de le prendre, rendez-vous au **chapitre 333.**

Si vous préférez continuer de courir, rendez-vous au **chapitre 255.**

279

Vous continuez de courir sans rien prendre sur les tables du ravitaillement.

Malheureusement, deux kilomètres plus loin, vous commencez à sentir vos forces vous quitter. Vous ne parvenez plus à suivre le rythme du groupe de coureurs avec qui vous étiez et vous êtes obligé de ralentir… et même de marcher.

Vous alternez marche et course jusqu'au ravitaillement suivant où vous avalez tout ce que vous pouvez trouver. Cela vous fait du bien et vous retrouvez progressivement vos forces.

Vous reprenez votre allure normale lorsque le meneur d'allure 4h vous rattrape, juste avant le semi-marathon. Vous restez dans sa foulée.

Rendez-vous au **chapitre 220.**

280

Vous vous renversez le contenu du gobelet à l'intérieur de vos cuisses. Malheureusement, vous vous rendez rapidement compte qu'il ne s'agit pas d'eau mais d'une boisson sucrée. Une fois sèche, cela frotte d'autant plus et maintenant ça colle en plus ! C'est intenable !

Vous êtes contraint de marcher jusqu'au ravitaillement suivant pour vous rincer avec de l'eau. Un bénévole, qui a pitié de vous, vous propose de la crème anti-frottement qu'il avait avec lui. Cela vous soulage et vous pouvez repartir courir.

Lorsque vous reprenez votre rythme, vous vous retrouvez aux côtés du meneur d'allure 4h. Vous vous calez dans sa foulée, mais au bout de quelques kilomètres, vous sentez qu'il ralenti progressivement.

Si vous décidez d'accélérer, rendez-vous au **chapitre 326.**

Si vous choisissez de rester avec lui, rendez-vous au **chapitre 261.**

Si vous préférez garder votre allure actuelle et laisser le meneur décrocher progressivement, rendez-vous au **chapitre 356.**

281

Vous contactez Helen Runneuse qui vous répond rapidement pour vous distiller ses précieux conseils.

Vous commencez donc le lendemain par une séance de 10x1000m le plus rapidement possible avec 1'30 de récupération « pour voir ce dont vous êtes capable » comme vous l'a dit votre nouveau coach.

Vous rentrez chez vous, effondré, après avoir couru seulement 3x1000m. En plus de cela, vous avez une douleur à la cuisse qui vous empêche de marcher normalement.

Rendez-vous au **chapitre 223.**

282

Vous avalez rapidement votre gel saveur vanille. Cela vous permet de conserver votre rythme de course sans avoir à ralentir. Mais la sensation de la texture épaisse du gel dans votre bouche n'est pas très agréable. Vous avez la gorge sèche et cette mixture a du mal à passer.

Malheureusement, vous vous étouffez en prenant une grande inspiration. Vous n'arrivez plus à respirer et êtes obligé de vous arrêter. Vous faites marche arrière jusqu'à la table de ravitaillement sans pouvoir respirer. Vous saisissez un verre d'eau pour faire passer votre gel.

Vous reprenez progressivement vos esprits mais vous avez besoin de quelques minutes pour récupérer.

Si vous décidez d'abandonner la course, vous pouvez reprendre votre aventure du début.

Si vous préférez continuez, sans aucune chance de courir sous les 2h au marathon, rendez-vous au **chapitre 162.**

283

Vous répondez aux différentes questions du journaliste sur vos sensations, vos objectifs. Moralement, cela vous fait du bien. Cela vous permet de continuer de courir sans même vous en rendre compte. Une fois les questions terminées, vous continuez de discuter avec le journaliste.

Il vous propose de monter avec lui sur la moto pour vous faire gagner du temps.

Si vous décidez d'accepter, rendez-vous au **chapitre 401.**

Si vous préférez refuser, rendez-vous au **chapitre 39.**

284

Vous décidez de soigner le mal par le mal en réalisant la séance la plus difficile de votre programme d'entrainement.

A votre grande surprise, vous ne ressentez plus aucune douleur au mollet et vous terminez votre entrainement avec de bonnes sensations malgré la difficulté.

Les jours se suivent et se ressemblent : vous vous sentez de plus en plus en forme sans aucune douleur à l'horizon.

Si vous décidez d'augmenter vos entrainements, rendez-vous au **chapitre 91.**

Si vous décidez de continuer ainsi votre programme d'entrainement, rendez-vous au **chapitre 9.**

Si vous préférez diminuer légèrement votre charge d'entrainement, rendez-vous au **chapitre 74.**

285

Après 3 jours de repos, vous vous sentez mieux même si vos sensations ne sont pas à la hauteur de vos attentes.

Vous entrez dans la dernière semaine avant votre marathon. Vous réfléchissez comment vous allez organiser ces derniers jours et surtout la veille de la course.

Si vous choisissez d'aller courir 1h30 pour que ça vous serve dans votre entrainement, rendez-vous au **chapitre 274.**

Si vous préférez ne rien faire, rendez-vous au **chapitre 68.**

286

Vous annoncez à votre compagne que vous avez annulé vos prochaines vacances pour pouvoir participer à votre marathon. Elle ne peut supporter ce geste et vous quitte en demandant le divorce.

En plus d'être inconsolable, le divorce vous ruine complétement. Même en récupérant l'argent de la location des vacances, vous ne pouvez pas participer au marathon.

Votre aventure s'arrête là.

287

Après lui avoir donné votre numéro, vous repartez parmi la foule de coureurs avec des étoiles plein les yeux mais avec des doutes. Vous vous demandez si elle vous rappellera. Il vous faut quelques kilomètres pour évacuer cette pensée négative et vous recentrer sur votre course.

Vous avez perdu du temps sur le meneur d'allure 4h.

Si vous décidez d'accélérer pour rattraper le meneur, rendez-vous au **chapitre 231.**

Si vous préférez continuer de courir à votre rythme, rendez-vous au **chapitre 163.**

288

Vous parvenez à vous reconcentrer sur votre course pour les tous derniers kilomètres.

Chaque foulée est devenue une souffrance et votre allure de course est de plus en plus difficile à tenir.

Vous arrivez enfin dans la dernière ligne droite.

Rendez-vous au **chapitre 222.**

289

Vous attrapez la bouteille tout en courant. Vous avalez quelques gorgées de la boisson et vous vous rendez compte que ce n'est pas de l'eau mais une boisson sucrée très agréable. Cela vous fait beaucoup de bien et vous donne un coup de fouet.

Vous accélérez progressivement.

Au bout de plusieurs kilomètres à revenir sur des groupes de coureurs, vous apercevez devant vous un groupe plus conséquent. En vous rapprochant, vous comprenez qu'il s'agit d'un groupe de coureurs accompagnant la première féminine du marathon.

Si vous décidez de rester avec ce groupe, rendez-vous au **chapitre 214.**

Si vous préférez doubler ce groupe, rendez-vous au **chapitre 65.**

290

Vous demandez à plusieurs coureurs avant que l'un d'eux vous donne un de ses gels énergétiques.

Vous l'avalez immédiatement et vous vous rendez compte que vous aviez besoin de sucre. Vous sentez l'énergie revenir pour les tous derniers kilomètres.

Au bout de quelques minutes, vous arrivez dans la dernière ligne droite.

Rendez-vous au **chapitre 99.**

291

Vous repartez rapidement.

Vous remarquez que tous les coureurs alentours vous observent. Dans un premier temps, vous ne comprenez pas mais en vous regardant, vous vous apercevez que vous vous êtes précipité pour vous changer et que vous avez enlevé votre short en même temps que votre survêtement. Vous courez donc en sous-vêtement.

Si vous décidez de faire demi-tour pour aller chercher votre short, rendez-vous au **chapitre 132.**

Si vous préférez continuer de courir ainsi pour ne pas perdre davantage de temps, rendez-vous au **chapitre 230.**

292

Vous passez la ligne d'arrivée, heureux d'en terminer.

Vous regardez votre chrono : 4h36.

Vous vous dites que vous pourrez faire mieux la prochaine fois en évitant tous les pièges de la préparation et de la course !

293

Vous continuez de courir mais l'appel incessant de votre vessie ne vous permet pas de vous concentrer sur la course. Vous ne voyez pas un trou dans la chaussée et vous entendez votre cheville droite craquer. La douleur est fulgurante. Vous vous allongez au sol et êtes pris en charge quelques minutes plus tard par les secouristes.

Votre marathon s'arrête là.

294

Le lendemain matin, le réveil sonne et vous émergez difficilement d'une soirée bien arrosée !

Vous avez la gueule de bois et en vous levant, vos courbatures vous rappellent que vous avez dansé toute la soirée.

Malgré tout, il faut vous préparer pour prendre le départ de votre course.

En enfilant vos chaussures, vous vous dites que vous allez courir sans objectif de performance, juste pour finir. Rendez-vous au **chapitre 185.**

295

Vous passez la ligne d'arrivée, heureux d'en terminer.

Vous regardez votre chrono : 5h12.

Vous vous dites que vous pourrez faire mieux la prochaine fois en évitant tous les pièges de la préparation et de la course !

296

Voici votre réponse à Stéphane :

« J'ai d'autres choses à faire que de passer des heures à aller courir pour préparer ce marathon ! ».

Vous reposez votre téléphone et vous vous rendormez serein.

Vous ne participerez pas au marathon !

297

Vous passez la ligne d'arrivée, heureux d'en terminer.

Vous regardez votre chrono : 3h53.

Vous vous dites que vous pourrez faire mieux la prochaine fois en évitant tous les pièges de la préparation et de la course !

298

Vous restez dans sa foulée, feignant de lutter pour le suivre.

Dans la dernière ligne droite, vous vous décalez et accélérez brutalement. Vous débranchez votre cerveau pour ne pas craquer et ne pas succomber aux sirènes qui vous hurlent de vous arrêter. Vous parvenez à prendre quelques mètres d'avance sur votre compatriote. Rendez-vous au **chapitre 442.**

299

Vous vous arrêtez à ses côtés et vous êtes soulagé de le voir se relever quelques secondes plus tard. Vous repartez ensemble en courant, il semble bien et cela vous permet aussi de vous motiver pour gagner une bonne allure de course.

Alors que vous entrez dans les deux derniers kilomètres, vous sentez qu'il ralentit.

Si vous décidez de continuer seul, rendez-vous au **chapitre 211.**

Si vous préférez rester avec lui, rendez-vous au **chapitre 10.**

300

Vous conservez votre rythme et laissez partir le groupe de coureurs devant vous.

Vous avez trouvé un rythme dans lequel vous vous sentez à l'aise pour tenir longtemps.

Quelques kilomètres plus tard, vous entendez une moto venir vers vous. Vous vous retournez et voyez un journaliste de la télévision avec son caméraman monter à votre hauteur. Il vous demande si vous acceptez de répondre à des petites questions pour le direct.

Si vous acceptez, rendez-vous au **chapitre 71.**

Si vous préférez refuser et vous écarter de la moto, rendez-vous au **chapitre 197.**

301

Vous vous jetez sur le tricheur et vous tombez tous les deux au sol. Vous vous bagarrez comme vous pouvez mais vous êtes rapidement séparés par des bénévoles.

Quelques instants plus tard, le coureur tricheur repart en vous regardant avec un sourire narquois.

Lorsque vous prenez appui sur votre jambe pour repartir vous aussi, une douleur fulgurante vous arrête net. Vous ne pouvez pas vous appuyer sur votre cheville droite. Vous avez dû vous blesser pendant la bataille.

Votre marathon s'arrête là.

302

Vous laissez le coureur tricher pour vous focaliser uniquement sur votre course.

Alors que le marathon devient de plus en plus difficile, vous sentez un début de point de côté apparaitre. En plus des douleurs musculaires et de la fatigue générale, vous vous dites que ça fait beaucoup !

Si vous décidez, de rage, d'accélérer en vous disant qu'avec un peu de chance, votre point de côté va partir, rendez-vous au **chapitre 114.**

Si vous choisissez de vous arrêter quelques instants pour que votre point de côté disparaisse, rendez-vous au **chapitre 335.**

Si vous préférez continuer de courir tout en appuyant à l'endroit où vous avez mal, rendez-vous au **chapitre 416.**

303

Vous avalez rapidement et en grande quantité toutes sortes d'aliments trop sucrés pour votre estomac. Vous ajoutez à cela une boisson énergétique très mal dosée.

Quelques instants plus tard, vous êtes plié en deux. Votre corps vous fait savoir qu'il ne supporte pas ce que vous venez d'avaler. Vous vous arrêtez et vomissez à plusieurs reprises.

Vous n'avez plus la force de repartir, vous n'avez plus aucune énergie. Vous êtes pris en main par les secours.

Votre marathon s'arrête là.

304

Vous êtes parti seulement une poignée de minutes mais lorsque vous revenez, la foule de coureurs est tellement dense que vous ne pouvez imaginer glisser ne serait-ce qu'un pied dans la zone que vous convoitiez.

Vous reculez jusqu'à trouver un espace où vous pouvez vous immiscer. Vous parvenez à vous faufiler parmi des coureurs. Vous êtes malgré tout soulagé d'avoir trouvé une place jusqu'à ce que vous voyiez le ballon du meneur d'allure pour courir le marathon en 3h.

Vous comprenez alors qu'il y a trop de coureurs devant vous et que vous perdrez trop de temps et d'énergie à essayer de rattraper les coureurs élites devant vous. Vous vous résignez à courir le marathon en moins de 3h.

Rendez-vous au **chapitre 241.**

305

Vous continuez vos entrainements en les gardant pour vous.

Les semaines s'enchainent. Votre entraineur est toujours autant à votre écoute et adapte votre programme en fonction de vos chronos et sensations.

Mais il ne vous a rien noté pour la dernière semaine avant votre marathon. Il vous a seulement dit de courir quand vous en aviez envie.

Vous vous posez la question pour la veille de la course.

Si vous décidez de courir seulement 20 minutes, rendez-vous au **chapitre 52.**

Si vous préférez courir les 42km de votre marathon pour vous tester, rendez-vous au **chapitre 398.**

Si vous choisissez de faire un match de foot avec des copains pour déstresser, rendez-vous au **chapitre 62.**

306

Vous passez la ligne d'arrivée sans avoir réussi à recourir dans les deux derniers kilomètres. Malgré tout, vous êtes heureux d'en terminer.

Vous regardez votre chrono : 3h28.

Vous vous dites que vous pourrez faire mieux la prochaine fois en évitant tous les pièges de la préparation et de la course !

307

Vous accélérez en poussant encore plus fort sur vos appuis et en allongeant votre foulée. Mais dès le premier appui, votre mollet ne supporte pas cette nouvelle contraction. Vous avez une crampe.

Vous êtes obligé de marcher pour terminer cette course.

Rendez-vous au **chapitre 131.**

308

Vous vous jetez dans la foulée des trois coureurs partis quelques secondes plus tôt et accélérez davantage pour les laisser derrière vous.

Vous maintenez votre effort pendant quelques minutes avant de vous retourner. Vous êtes heureux de voir que vous avez réussi à prendre une dizaine de mètres d'avance sur les autres marathoniens.

Vous êtes en tête de la course !

Mais, cette joie n'est que de courte durée. Rapidement, vous sentez vos cuisses et vos poumons vous brûler. Vous ne parvenez plus à maintenir le rythme. Vous vous faites doubler par le groupe de 3 coureurs puis, progressivement, par les autres marathoniens.

Votre moral est à zéro. Vous ne finirez pas sous les 2h, vous ne gagnerez pas et maintenant vous souffrez trop pour avoir envie de continuer cette course. Vous vous arrêtez et marchez.

Vous enlevez votre dossard, dépité. Votre course s'arrête là.

309

Quelques minutes plus tard, un des trois autres coureurs place une accélération. Vous jetez un coup d'œil aux autres concurrents mais personne ne semble réagir. Vous poussez davantage sur vos jambes qui vous hurlent de vous arrêter mais vous parvenez à prendre sa foulée. Vous restez concentré, le regard fixé sur son dos pour ne pas craquer.

Vous maintenez sa vitesse pendant quelques instants avant de vous rendre compte que vous n'êtes plus que deux avec une avance confortable sur les autres coureurs.

Vous apercevez devant vous la dernière ligne droite, il doit vous rester moins de 300m. Vous sentez l'excitation de l'arrivée monter en vous. Cela décuple votre force et votre volonté d'accélérer.

C'est alors que votre concurrent direct flanche et s'écroule au sol victime d'un malaise. Vous ne savez pas quoi faire.

Si vous décidez de l'aider, rendez-vous au **chapitre 120.**

Si vous préférez le laisser derrière vous et finir seul, rendez-vous au **chapitre 84.**

310

Vous vous mettez à marcher en boitant pendant quelques minutes. Vous tentez de repartir mais la crampe revient systématiquement.

Il faut de longues minutes pour permettre à votre muscle de se détendre. Lorsque vous repartez enfin en courant, vous êtes aux côtés du meneur d'allure 4h.

Vous restez à son allure, lorsqu'une moto de la télévision avec un journaliste vous dépasse. Vous êtes surpris de la voir se placer juste devant vous. L'homme au micro vous demande si vous acceptez de répondre à quelques questions en direct.

Si vous décidez d'accepter, rendez-vous au **chapitre 421.**

Si vous préférez ne pas répondre, rendez-vous au **chapitre 337.**

311

Vous vous glissez immédiatement juste derrière la zone protégée des coureurs élites. Vous êtes le tout premier coureur non élite proche de la ligne de départ, c'est parfait.

Vous utilisez les quelques minutes avant le départ pour réaliser votre échauffement sur place.

Mais vous savez que pour réaliser moins de 2h, il va falloir courir vite, très vite. Il vous faudra utiliser les lièvres. Vous comptez d'ailleurs en discuter avec l'un d'eux.

Si vous décidez de demander à un lièvre de partir sur l'allure de moins de 2h au marathon, rendez-vous au **chapitre 61.**

Si vous préférez ne rien demander et juste les suivre, en vous disant que vous accélèrerez à partir du semi-marathon, rendez-vous au **chapitre 215.**

312

Vous faites le choix de prendre un morceau d'orange avec un verre de coca. En avalant, vous vous rendez compte que vous en aviez besoin et vous vous sentez plein d'énergie.

Vous continuez avec le même groupe et surtout en conservant bien l'allure du meneur 3h.

Vous arrivez au semi-marathon, rendez-vous au **chapitre 178.**

313

Vous passez la ligne d'arrivée, heureux d'en terminer.

Vous regardez votre chrono : 3h49.

Vous vous dites que vous pourrez faire mieux la prochaine fois en évitant tous les pièges de la préparation et de la course !

314

Vous avalez le premier gobelet que vous voyez. A l'instant où la boisson est dans votre gorge, vous comprenez que vous avez fait une erreur. Il ne s'agit pas d'eau. Le goût sucré ne vous convient pas du tout et quelques secondes plus tard vous êtes contraint de vous arrêter pour vomir.

Recroquevillé près du trottoir, vous évacuez tout ce que vous avez dans l'estomac.

Quelques minutes plus tard, vous repartez mais vous n'avez plus la force de courir. Vous parvenez seulement à alterner marche et course dans les derniers kilomètres.

Vous arrivez enfin dans la dernière ligne droite, rendez-vous au **chapitre 425.**

315

Vous ralentissez progressivement pour pouvoir récupérer ou du moins pour ne pas rester dans la zone rouge.

Au bout de quelques instants, alors que vous êtes rattrapé par le meneur d'allure 4h, vous entendez une moto venir vers vous. Vous vous retournez et voyez un journaliste de la télévision avec son caméraman monter à votre hauteur. Il vous demande si vous acceptez de répondre à des petites questions pour le direct.

Si vous acceptez, rendez-vous au **chapitre 421.**

Si vous préférez refuser et vous écarter de la moto, rendez-vous au **chapitre 337.**

316

Vous ralentissez mais malgré tout, vos sensations sont de plus en plus mauvaises. Vous terminez les derniers kilomètres à une allure de footing. Vous n'avez qu'une hâte : passer enfin cette ligne d'arrivée.

Vous arrivez dans la dernière ligne droite.

Rendez-vous au **chapitre 205.**

317

Le grand jour est enfin arrivé !

Vous arrivez sur le lieu de départ. Il y a déjà énormément de monde.

Vous avez récupéré votre dossard quelques jours avant mais vous n'avez pas eu le droit à un dossard protégé. Il faudra que vous vous installiez derrière les coureurs élites… A moins que vous n'arriviez à récupérer un dossard élite.

Si vous décidez de voler un dossard protégé, rendez-vous au **chapitre 94.**

Si vous préférez garder le vôtre et vous positionner juste derrière la zone élite, rendez-vous au **chapitre 69.**

318

Vous passez la ligne d'arrivée, heureux d'en terminer.

Vous regardez votre chrono : 5h28.

Vous vous dites que vous pourrez faire mieux la prochaine fois en évitant tous les pièges de la préparation et de la course !

319

Vous maintenez votre rythme mais vous sentez que le caillou est en train de vous déchiqueter progressivement le pied. La douleur est de plus en plus gênante et vous commencez à courir en boitant, ne pouvant plus pousser normalement sur votre pied meurtri.

Quelques kilomètres plus tard, vous ne pouvez plus poser le pied au sol. Vous vous arrêtez et enlevez votre chaussure. Votre pied est en sang.

Vous comprenez que vous ne pourrez pas repartir.

Votre course s'arrête là.

320

Vous continuez à votre rythme. Vous vous dites que c'est à Stéphane d'accélérer pour vous rattraper. Au pire, vous vous retrouverez dans seulement quelques minutes après l'arrivée.

Vous arrivez enfin dans la dernière ligne droite, rendez-vous au **chapitre 437.**

321

Vous lui annoncez qu'elle est tout pour vous et que vous ne laisserez rien gâcher votre belle histoire d'amour. Vous préférez laisser tomber le marathon même si vous vous êtes beaucoup investi dans votre préparation.

Elle est très touchée par votre choix. Elle vous dit comprendre votre enthousiasme de courir ce marathon et que, malgré tout, ce serait dommage de perdre tout le temps que vous avez pu consacrer à la course ces dernières semaines.

Elle accepte que vous continuiez votre préparation mais seulement s'il s'agit de votre premier et dernier marathon. Vous êtes fou de joie et surmotivé à l'idée de courir un unique marathon : vous n'aurez pas le droit à l'erreur !

Rendez-vous au **chapitre 317** pour prendre le départ du marathon.

322

Vous rangez vos écouteurs dans votre proche et vous vous reconcentrez sur votre course et vos sensations.

Vous avez perdu le contact avec le meneur d'allure 4h mais vous voyez son drapeau au loin. Vous accélérez progressivement et constatez que la distance avec ce point de repère diminue.

Finalement, vous parvenez à revenir dans sa foulée au bout de quelques kilomètres.

Rendez-vous au **chapitre 57.**

323

Vous continuez de courir tout en gardant un œil sur votre lacet pour être sûr de ne pas tomber. Il ne vous reste plus qu'un seul kilomètre et vous ne voulez plus perdre de temps inutilement.

Vous profitez de ces dernières minutes de course avant d'arriver dans la dernière ligne droite.

Rendez-vous au **chapitre 297.**

324

Vous franchissez la ligne en soulevant, avec la première féminine, la banderole d'arrivée. Tout le monde vous regarde d'un mauvais œil mais vous vous en fichez, vous avez fait la course que vous vouliez.

Vous regardez votre chrono : 2h23.

Les jours qui suivent, vous devenez une vedette, votre photo d'arrivée apparait partout.

Vous vous souviendrez de cette course !

325

Vous passez la ligne d'arrivée, heureux d'en terminer.
Vous regardez votre chrono : 5h18.
Vous vous dites que vous pourrez faire mieux la prochaine fois en évitant tous les pièges de la préparation et de la course !

326

Vous accélérez pour laisser rapidement derrière vous le meneur d'allure ainsi que tous les autres coureurs autour de lui.
Malheureusement, vous avez des difficultés à encaisser cette accélération trop brutale.
Si vous décidez de maintenir cette allure en espérant un second souffle, rendez-vous au **chapitre 351.**
Si vous préférez ralentir, rendez-vous au **chapitre 315.**

327

Vous insistez, le traitant de tricheur et de différents noms d'oiseaux.
Visiblement, vos propos ne lui plaisent pas et il se jette sur vous.
Vous tombez au sol et continuez de vous battre jusqu'à ce que des spectateurs vous séparent.
Une fois calmé, vous vous asseyez sur le trottoir. En plus d'avoir un œil au beurre noir, vous voyez votre cheville qui a gonflé, sans doute dû à votre chute. Vous vous relevez et comprenez que vous ne pourrez pas vous appuyer correctement sur votre cheville.
Votre marathon s'arrête là.

328

Vous enchainez vos entrainements avec vos vieilles chaussures malgré les conseils des coureurs de votre club.
Au bout de quelques jours d'entrainement, une douleur se fait sentir au genou gauche. Vous gardez le cap et continuez votre préparation marathon mais la douleur devient trop présente et vous n'arrivez plus à marcher normalement.
Rendez-vous au **chapitre 223.**

329

Vous laissez le tricheur finir sa course et vous revenez du bon côté du parcours. Vous avez perdu du temps à vouloir faire respecter le règlement et vous vous retrouvez seul à courir.

Quelques kilomètres plus tard, vos forces vous ont quitté, vous avez beaucoup de difficulté à maintenir votre allure et chaque foulée est un réel effort.

Si vous décidez d'alterner marche et course pour récupérer, rendez-vous au **chapitre 7.**

Si vous préférez tenir votre allure actuelle le plus longtemps possible, rendez-vous au **chapitre 348.**

330

Vous gardez votre rythme actuel laissant partir devant vous votre nouvel ami.

Au bout de quelques minutes, vous commencez à avoir soif et vous ne voyez aucun ravitaillement arriver. C'est alors qu'un spectateur vous tend une bouteille.

Si vous décidez de la prendre, rendez-vous au **chapitre 168.**

Si vous préférez ne pas boire, rendez-vous au **chapitre 352.**

331

Vous avez perdu du temps à faire un aller-retour pour rien.

Vous parvenez à vous placer derrière le meneur d'allure 4h30 mais votre ventre semble moins vous gêner.

PAN !

Le départ est donné.

Le stress s'évanouit immédiatement et vous n'avez plus envie d'aller aux toilettes.

Vous restez dans la foulée du meneur 4h30 pendant quelques kilomètres. Vos sensations sont très bonnes.

Si vous décidez d'accélérer pour rattraper le meneur 4h, rendez-vous au **chapitre 411.**

Si vous préférez rester avec le meneur 4h30, rendez-vous au **chapitre 143.**

332

Vous ralentissez mais vous ne voyez pas Stéphane derrière vous. Finalement, vous vous arrêtez complétement. Vous vous dites qu'il y avait bien plus que 200m entre vous. Au bout de quelques instants, vous le voyez enfin arriver. Il vous explique qu'il vient d'avoir une crampe et a eu des difficultés à la faire passer. Mais vous vous rendez compte que son allure n'est pas du tout la vôtre, sans doute à cause de sa crampe qui a dû lui laisser une douleur.
Malgré tout, vous êtes toujours ensemble lorsque vous arrivez dans la dernière ligne droite.
Rendez-vous au **chapitre 193.**

333

Vous vous ruez vers le spectateur. Il n'a pas le temps de réagir que vous avez déjà arraché le pain au chocolat de ses mains. Vous repartez aussi rapidement que vous êtes venu pour ne pas qu'il ait le temps de vous rattraper.
Vous avalez avec délectation cette viennoiserie. Vous sentez que votre corps en avait besoin.
Quelques minutes plus tard, vous avez récupéré et votre foulée redevient plus légère.
Rendez-vous au **chapitre 178.**

334

Vous avalez deux morceaux de chocolat noir avec un verre d'eau. Vous sentez que cela vous fait du bien ; d'un point de vue physique mais aussi pour le moral.
Vous restez dans le groupe du meneur d'allure 3h30 jusqu'au semi-marathon.
Rendez-vous au **chapitre 147.**

335

Vous vous arrêtez et marchez pendant quelques secondes le temps que votre point de côté disparaisse. Alors que vous reprenez votre allure de course initiale, un groupe de coureurs vous double.

Si vous décidez de vous caler à leur rythme, rendez-vous au **chapitre 382.**

Si vous préférez rester à votre allure, rendez-vous au **chapitre 121.**

336

Votre ami court vraiment lentement, alternant marche et course. Cela vous permet de ne pas fatiguer mais vous rentrez chez vous, frustré de ne pas avoir ressenti l'effort de la course mais heureux de n'avoir eu aucune douleur au mollet. Cela vous a permis de vous remotiver pour vous entrainer régulièrement.

Quelques semaines ont passé, rendez-vous au **chapitre 441.**

337

Vous faites signe au journaliste que vous ne souhaitez pas répondre à ses questions. En voulant vous écarter de la moto, vous heurtez un autre coureur et chutez tous les deux.

Lorsque vous vous relevez, vous avez une douleur à la cheville qui vous oblige à marcher quelques instants le temps qu'elle disparaisse progressivement.

Vous repartez enfin à votre rythme.

Quelques kilomètres plus tard, votre téléphone, que vous avez emporté, sonne.

Si vous décidez de répondre, rendez-vous au **chapitre 118.**

Si vous préférez ne pas répondre, rendre-vous au **chapitre 188.**

338

Vous passez la ligne d'arrivée, heureux d'en terminer.

Vous regardez votre chrono : 3h46.

Vous vous dites que vous pourrez faire mieux la prochaine fois en évitant tous les pièges de la préparation et de la course !

339

Au fil des kilomètres, vous vous sentez bien dans ce groupe. L'allure vous convient très bien, sans vous mettre dans le rouge. Le nombre de coureurs autour du meneur d'allure diminue progressivement, la plupart d'entre eux explosent, ralentissent, s'arrêtent même. D'autres tentent d'accélérer pour prendre quelques dizaines de mètres d'avance.

Vous voulez attendre le semi-marathon avant de prendre une nouvelle décision dans votre course car vous savez que la course ne fait que commencer.

Rendez-vous au **chapitre 162.**

340

Vous répondez à Stéphane :

« Je ne me suis pas encore inscrit, mais ça ne va pas tarder ! Prépare-toi à te faire battre ! »

Vous vous redressez dans votre lit et allez sur le site internet du marathon pour remplir la fiche d'inscription. Cela ne vous prend que quelques minutes et vous sentez une hésitation au moment de cliquer sur le bouton « valider ». Mais vous êtes un homme de parole et vous finissez par presser l'écran de votre téléphone.

Vous vous rallongez, pensif. Quel va être votre objectif pour cette course.

Si vous souhaitez juste terminer ce marathon, rendez-vous au **chapitre 145**.

Si vous voulez en profiter pour réaliser une belle performance en vous investissant dans cette préparation, rendez-vous au **chapitre 110**.

Si vous vous dites que ce sera votre unique marathon et que par conséquent vous voulez marquer l'histoire en essayant de courir le marathon en moins de 2h, rendez-vous au **chapitre 376**.

341

Malgré la fatigue déjà bien présente, vous parvenez à accélérer au prix de grosses douleurs musculaires. Chaque foulée devient un réel effort mais vous voulez passer la ligne d'arrivée en ayant donné votre maximum.

Vous parvenez à maintenir un rythme soutenu lorsque vous arrivez enfin dans la dernière ligne droite.

Rendez-vous au **chapitre 343.**

342

Une fois la ligne d'arrivée franchie, vous regardez votre chrono : 2h48.

Vous êtes content d'avoir fini sous les 3h mais vous vous dites que vous êtes encore capable de mieux. Peut-être sur un prochain marathon…

343

Vous passez la ligne d'arrivée, heureux d'en terminer.

Vous regardez votre chrono : 4h32.

Vous vous dites que vous pourrez faire mieux la prochaine fois en évitant tous les pièges de la préparation et de la course !

344

Vous maintenez votre vitesse actuelle et continuez de courir entre le meneur d'allure 4h30 et 4h. Vous avez l'impression de conserver la même distance avec le drapeau devant vous.

Vous arrivez sur un ravitaillement.

Si vous décidez de manger ce qui vous donne envie, rendez-vous au **chapitre 244.**

Si vous choisissez d'avaler une barre énergétique, rendez-vous au **chapitre 269.**

Si vous préférez ne rien manger, rendez-vous au **chapitre 180.**

345

Vous prenez sa foulée mais rapidement vous sentez que sa vitesse est trop rapide pour vous. Quelques minutes plus tard à essayer de tenir son rythme, vous craquez brutalement et marchez.

Il vous faut de longues minutes pour récupérer et vous avez des difficultés pour recourir.

A quelques kilomètres de l'arrivée, vous parvenez à vous remotiver pour reprendre une allure de course qui était la vôtre avant votre arrêt. Mais au bout de quelques foulées, vous sentez un caillou dans votre chaussure qui vous dérange de plus en plus.

Si vous décidez de vous arrêter pour l'enlever, rendez-vous au **chapitre 273.**

Si vous préférez enlever votre chaussure et courir pieds nus, rendez-vous au **chapitre 5.**

346

Vous forcez quitte à vous mettre dans le rouge. Vous vous dites que vous allez pouvoir tenir ce rythme jusqu'à l'arrivée mais vous craquez à deux kilomètres de l'arrivée. Tout votre corps vous hurle de vous arrêter et vous êtes contraint de l'écouter. Impossible pour vous de continuer de courir. Vous vous mettez à marcher et comprenez que vous ne pourrez plus reprendre la course d'ici l'arrivée.

Après de longues minutes, vous arrivez enfin dans la dernière ligne droite.

Rendez-vous au **chapitre 306.**

347

Vous sortez du sas à la recherche de toilettes. Au bout de quelques instants, vous trouvez un bloc de plusieurs toilettes installées là pour l'occasion. Une dizaine de personnes font déjà la queue mais vous n'avez pas d'autres solutions que d'attendre.

Quand vous vous êtes enfin soulagé, vous retournez à votre sas. Mais il ne vous est plus possible d'y rentrer tant il y a de monde à l'intérieur. Vous tentez votre chance dans le sas 3h30 mais le résultat est le même.

Vous parvenez enfin à vous glisser dans un sas, celui des 4h de course. Vous êtes déçu mais c'est le seul moyen de prendre le départ de la course.

Rendez-vous au **chapitre 225.**

348

Vous voulez absolument tenir cette allure et vous lâchez vos dernières forces en espérant que cela vous porte jusqu'à l'arrivée.

Malheureusement, à 3 kilomètres de la fin de la course, vous êtes complétement vidé de votre énergie et vous n'avez d'autres choix que de vous arrêter. Quelques instants plus tard, vous repartez en marchant lentement.

Après de longues minutes d'errance sur le parcours, vous arrivez enfin dans la dernière ligne droite.

Rendez-vous au **chapitre 31.**

349

Vous sortez de chez le médecin avec un traitement miracle qui fait disparaitre votre douleur en quelques heures !

Vous reprenez l'entrainement avec un rythme encore plus élevé et vous améliorez vos chronos lors de vos séances de manière vertigineuse.

Vous pouvez espérer maintenant courir le marathon en moins de 2h. Vous en faites votre nouvel objectif.

Rendez-vous au **chapitre 317** pour prendre le départ du marathon.

350

Vous laissez partir le groupe qui vient de vous doubler et vous ralentissez progressivement pour trouver une allure dans laquelle vous vous sentez à l'aise pour tenir longtemps.

Au bout de quelques kilomètres, vous vous rendez compte qu'un de vos lacets est défait.

Si vous décidez de vous arrêter pour le refaire, rendez-vous au **chapitre 124.**

Si vous préférez ne pas vous arrêter, rendez-vous au **chapitre 125.**

351

Vous poursuivez votre effort. Alors que vous vous dites que c'est du suicide, vous sentez brusquement votre corps se détendre, votre souffle se caler au bon rythme, votre foulée plus légère.

Vous êtes toujours à la même vitesse, mais vos sensations ont complétement changé : vous vous sentez bien.

Vous arrivez sur un boulevard où vous croisez, de l'autre côté de la route en sens inverse, des coureurs qui ont du retard sur vous. Vous apercevez alors un concurrent couper pour venir vous rejoindre.

Si vous décidez de lui dire de repartir pour ne pas tricher, rendez-vous au **chapitre 150.**

Si vous préférez ne rien dire, rendez-vous au **chapitre 107.**

352

Votre bouche est de plus en plus sèche et vous commencez à regretter de ne pas avoir accepté la bouteille.

Mais à part cette sensation désagréable, vous ne ressentez pas de baisse d'énergie alors que vous arrivez sur le dernier ravitaillement de la course. Vous avalez deux verres d'eau avant de repartir pour les derniers kilomètres de la course.

Si vous décidez de vous faire mal pour réaliser la meilleure performance possible, rendez-vous au **chapitre 341.**

Si vous préférez garder votre rythme actuel pour profiter des derniers kilomètres, rendez-vous au **chapitre 400.**

353

Vous contactez Luc 42km qui vous répond rapidement pour vous distiller ses précieux conseils.

Vous commencez donc le lendemain par un footing de 3h à jeun « pour vous forger le mental » comme vous l'a dit votre nouveau coach.

Vous rentrez chez vous au bout d'1h, complétement épuisé et avec une douleur à la cuisse.

Rendez-vous au **chapitre 223.**

354

Vous passez la ligne d'arrivée, heureux d'en terminer.

Vous regardez votre chrono : 3h21.

Vous vous dites que vous pourrez faire mieux la prochaine fois en évitant tous les pièges de la préparation et de la course !

355

Vous rentrez dans la première bouche de métro. Vous arrivez sur le quai bondé de coureurs, de parisiens et autres touristes. Le métro arrive mais il vous est impossible de rentrer à l'intérieur.

Vous vous dites que vous auriez peut-être dû y aller à pied.

Vous ne pouvez monter dans le 2e, ni 3e métro malgré vos efforts à pousser tout le monde pour vous faire une place.

Ce n'est qu'au 4ᵉ métro que vous parvenez à vous faufiler et à, enfin, trouver une place dans un wagon. Vous avez le visage collé à une aisselle d'un voyageur, mais vous êtes rentré, et c'est le principal.

Malheureusement, vous avez perdu beaucoup de temps et lorsque vous arrivez sur le lieu du départ, il vous est impossible de vous glisser dans le sas 3h tant il y a de coureurs.

Vous êtes obligé de vous placer dans le sas 3h30.

Rendez-vous au **chapitre 56.**

356

En gardant votre allure, vous laissez le meneur d'allure quelques mètres derrière vous.

Kilomètre après kilomètre, vous vous éloignez un peu plus du groupe de coureurs avec qui vous étiez.

Vous vous rappelez alors qu'un ami devait venir vous encourager au 35ᵉ km. Il vous avait dit qu'il se mettrait du côté droit de la route. Vous apercevez le panneau du 35ᵉ km devant vous et vous êtes du côté gauche de la route.

Si vous décidez de couper brusquement à droite dans l'espoir de voir votre ami, rendez-vous au **chapitre 221.**

Si vous préférez continuer à gauche en jetant un coup d'œil à droite pour essayer de le voir, rendez-vous au **chapitre 149.**

357

En attrapant le smartphone, vous trébuchez et tombez sur le bitume. Le coureur s'arrête à côté de vous pour récupérer son smartphone au sol et repart sans même vous demander comment vous allez. Vous êtes un peu secoué par votre chute et restez assis sur la route. Vous observez votre groupe s'éloigner. Vous vous redressez enfin et êtes soulagé de constater que vous n'avez pas de douleur particulière pour courir.

Vous repartez avec le meneur d'allure 4h mais au bout de quelques kilomètres à ses côtés, vous avez l'impression qu'il commence à ralentir.

Si vous décidez d'accélérer, rendez-vous au **chapitre 326.**

Si vous choisissez de rester avec lui, rendez-vous au **chapitre 261.**

SI vous préférez garder votre allure et laisser le meneur décrocher progressivement, rendez-vous au **chapitre 356.**

358

Vous gardez votre vitesse actuelle en restant bien concentré sur vos sensations. Vous craignez de craquer dans les tous derniers kilomètres mais finalement vous arrivez au panneau 41e km en ayant réussi à conserver votre allure.

Vous arrivez dans la dernière ligne droite.

Rendez-vous au **chapitre 359.**

359

Vous passez la ligne d'arrivée.

Vous regardez votre chrono : 2h40.

Vous êtes content d'avoir terminé votre premier marathon mais vous êtes sûr de pouvoir faire mieux la prochaine fois !

360

Vous semblez bien encaisser l'accélération. Vous êtes surpris de la légèreté de votre foulée, de la cadence de vos appuis.

Vous vous rapprochez rapidement du meneur d'allure 4h, il ne vous reste plus qu'une centaine de mètres de retard lorsqu'une crampe au mollet vous arrête brusquement. Vous êtes obligé de vous arrêter pour vous étirer longuement.

Vous repartez avec le meneur d'allure 4h30. Votre mollet semble avoir retrouvé son élasticité.

Quelques minutes plus tard, vous apercevez un peu plus loin votre ami Stéphane.

Si vous décidez de le rejoindre, rendez-vous au **chapitre 378.**

Si vous préférez gardez votre rythme actuel, rendez-vous au **chapitre 49.**

361

Vous restez chez vous devant la télévision. Quand vous imaginez que tous vos amis sont en train de s'amuser, vous avez des regrets de ne pas y être mais vous vous dites qu'il y aura sans doute d'autres soirées alors que ce sera peut-être votre seul marathon.

Rendez-vous au **chapitre 172** pour vivre enfin votre course.

362

Vous vous dirigez vers votre femme en coupant la trajectoire de tous les autres coureurs.

Vous ne pensiez pas qu'elle serait venue, et vous êtes d'autant plus heureux de pouvoir partager cette course avec elle.

Vous vous arrêtez quelques dizaines de secondes pour échanger quelques mots, l'embrasser puis vous vous éloignez et repartez au milieu des autres coureurs.

Si vous décidez de courir à votre rythme, rendez-vous au **chapitre 108.**

Si vous préférez revenir rapidement sur le meneur d'allure 3h30, rendez-vous au **chapitre 127.**

363

Vous passez le panneau du semi-marathon. Vous jetez un coup d'œil à votre montre : 1h01.

Une grande fierté s'empare de vous. Mais si vous voulez descendre sous les 2h, il va falloir courir le deuxième semi-marathon plus rapidement : en moins de 59 minutes. A cette vitesse, gagner deux minutes vous parait impensable, mais vous vous accrochez à votre rêve et vous continuez de penser que tout est possible !

Juste après le panneau du semi-marathon, vous arrivez sur un ravitaillement.

Si vous décidez de prendre quelque chose, rendez-vous au **chapitre 126.**

Si vous choisissez de ne rien prendre, rendez-vous au **chapitre 229.**

364

Vous vous retournez et voyez qu'il est tout de suite pris en charge par des spectateurs.

Vous arrivez enfin dans les derniers kilomètres de votre course mais les sensations ne sont pas bonnes. Vos jambes pèsent une tonne et vous avez l'impression d'être vidé de toute énergie.

Si vous décidez de demander à un autre coureur s'il a à manger, rendez-vous au **chapitre 290.**

Si vous choisissez de ralentir, rendez-vous au **chapitre 316.**

Si vous préférez continuer à votre vitesse actuelle, rendez-vous au **chapitre 254.**

365

Vous vous trouvez sur la ligne de départ du semi-marathon avec Stéphane. Au moment du coup de pistolet, vous partez sur une allure de footing alors que votre ami part à toute allure. Vous savez que votre objectif n'est pas ce semi-marathon. Mais au fil des kilomètres, vos sensations ne sont pas très bonnes. Vous vous posez des questions sur votre objectif de battre le record du monde du marathon…

A la fin des 21km, vous retrouvez votre ami au ravitaillement.

« Alors, tu as trainé ! Moi qui pensais que tu t'entrainais bien pour le marathon, apparemment ce n'est pas le cas.

- On en reparle la semaine prochaine, lui lancez-vous d'un air décidé.

Mais vous savez maintenant que vous ne pourrez pas courir sous les 2h. Néanmoins, vous prendrez le départ pour donner le meilleur de vous

Rendez-vous au **chapitre 172** pour le départ du marathon.

366

Vous continuez de courir en fonction de vos sensations. Vous vous situez entre les meneurs 2h45 et 3h, parfois en vous rapprochant de l'un ou de l'autre mais sans jamais courir en groupe.

Vous arrivez au ravitaillement du 10ᵉ km.

Si vous décidez de prendre quelque chose, rendez-vous au **chapitre 101.**

Si vous préférez continuer sans vous arrêter, rendez-vous au **chapitre 50.**

367

Après avoir couru ce footing léger, vous vous sentez mieux même si vos sensations ne sont pas encore à la hauteur de vos attentes.

Vous entrez dans la dernière semaine avant votre marathon. Vous réfléchissez comment vous allez organiser ces derniers jours et surtout la veille de la course.

Si vous choisissez d'aller courir 1h30 pour que ça vous serve dans votre entrainement, rendez-vous au **chapitre 274.**

Si vous préférez ne rien faire, rendez-vous au **chapitre 68.**

368

Vous passez la ligne d'arrivée, heureux d'en terminer.

Vous regardez votre chrono : 3h09.

Vous vous dites que vous pourrez faire mieux la prochaine fois en évitant tous les pièges de la préparation et de la course !

369

Vous l'attrapez de justesse sous le bras afin qu'il ne s'effondre pas mais avec son poids, vous ne parvenez pas à garder l'équilibre et vous chutez tous les deux lourdement sur le bitume. Lorsque vous vous relevez, difficilement, vous comprenez que vous ne pourrez pas recourir, votre cheville s'est tordue dans votre chute et vous ne pouvez plus poser entièrement votre poids dessus.

Vous terminez la course en marchant, en boitant.

Rendez-vous au **chapitre 20.**

370

Vous vous arrêtez à côté du coureur qui vient de s'allonger au sol. Vous apercevez et appelez les secours un peu plus loin. Ils interviennent immédiatement. Vous repartez en laissant votre concurrent entre de bonnes mains.

Quelques instants plus tard, vous arrivez à un ravitaillement. Vous sentez que vous avez besoin de manger quelque chose mais rien ne vous donne envie, vous avez l'impression que vous allez tout vomir.

Si vous décidez de prendre quelque chose à manger malgré tout, rendez-vous au **chapitre 268.**

Si vous décidez de boire uniquement, rendez-vous au **chapitre 433.**

Si vous préférez ne rien prendre et continuer de courir, rendez-vous au **chapitre 160.**

371

Au bout de quelques minutes, vous trouvez un plan d'entrainement qui vous parait pertinent sur internet. Parmi les conseils livrés avec le programme, votre attention se focalise sur le choix des chaussures. Vous portez vos vieilles chaussures de sport du lycée et vous êtes bien conscient qu'il va falloir songer à vous en séparer.

Si vous décidez de vous rendre chez Décathlon pour prendre un de leurs modèles, rendez-vous au **chapitre 373.**

Si vous préférez investir dans le modèle le plus cher du marché, rendez-vous au **chapitre 36.**

372

Vous vous obstinez à courir malgré les tâches noires qui commencent à obstruer votre vision. Finalement, vous perdez l'équilibre et tombez au sol. Vous essayez de vous relever, mais vous n'avez plus la force.

Vous êtes rapidement pris en charge par les secours.

Votre marathon s'arrête là.

373

Vous vous rendez au Décathlon le plus proche de vous chez et achetez le modèle fait pour les longues distances.

Vous ne pouvez vous empêcher de les tester dès votre retour chez vous. Les sensations sont très bonnes et vous êtes heureux de votre achat.

Les entrainements s'enchainent sans aucune douleur.

Au bout de quelques semaines, vous commencez à ressentir de la fatigue qui s'installe dans votre quotidien.

Si vous décidez de réaliser la séance prévue ce jour-là, rendez-vous au **chapitre 22.**

Si vous choisissez de vous reposer, rendez-vous au **chapitre 285.**

Si vous préférez réaliser un footing léger, rendez-vous au **chapitre 367.**

374

Vous passez la ligne d'arrivée, heureux d'en terminer.

Vous regardez votre chrono : 4h28.

Vous vous dites que vous pourrez faire mieux la prochaine fois en évitant tous les pièges de la préparation et de la course !

375

Vous passez la ligne d'arrivée, heureux d'en terminer.

Vous regardez votre chrono : 3h29.

Vous vous dites que vous pourrez faire mieux la prochaine fois en évitant tous les pièges de la préparation et de la course !

376

Votre décision est prise : vous voulez battre le record du monde. Vous sentez la motivation monter en vous ; enfin un défi digne de vous !

Vous sautez de votre lit et allez sur internet pour trouver des infos sur la manière de battre ce record.

Après plusieurs minutes de recherches, vous comprenez qu'il va vous falloir de l'aide :

Si vous décidez de prendre un plan d'entrainement d'un coureur professionnel que vous allez récupérer sur internet, rendez-vous au **chapitre 16.**

Si vous préférez vous inscrire dans un club d'athlétisme, rendez-vous au **chapitre 390**.

Si vous décidez de demander des conseils sur des groupes Facebook de course à pied, rendez-vous au **chapitre 234.**

377

Vous continuez sur le parcours prévu mais chaque foulée devient de plus en plus difficile. Chaque appui est un réel effort. Vous ralentissez progressivement.

A quelques kilomètres de l'arrivée, vous sentez un caillou dans votre chaussure qui vous dérange de plus en plus.

Si vous décidez de vous arrêter pour l'enlever, rendez-vous au **chapitre 273.**

Si vous préférez enlever votre chaussure et courir pieds nus, rendez-vous au **chapitre 5.**

378

En accélérant, vous sentez votre mollet se contracter dangereusement. La crampe ne s'est pas déclenchée mais ce n'était pas loin et une tension douloureuse est toujours présente. Vous êtes obligé de ralentir pour faire disparaitre cette douleur. Vous vous faites doubler par le meneur d'allure 4h30 mais vous ne pouvez pas prendre son rythme.

La tension au mollet passe enfin, juste avant le semi-marathon, lorsque le meneur d'allure 5h vous rattrape.

Rendez-vous au **chapitre 155.**

379

Vous partez sur une séance de fractionné normalement prévue quelques jours plus tard. Mais vous n'en pouvez plus d'attendre et vous voulez à tout prix tester vos nouvelles chaussures sur des allures rapides.

Vous n'êtes pas déçu de vos sensations, vous avez l'impression de voler à chaque appui, vos pieds retombant au sol en toute légèreté.

Les semaines s'enchainent sans difficulté et vous avez prévu de partir une semaine en vacances.

Comment allez-vous gérer votre entrainement pendant cette période ?

Si vous choisissez de conserver votre programme d'entrainement, rendez-vous au **chapitre 176.**

Si vous décidez de vous octroyer une semaine de récupération active car ces dernières semaines ont été chargées en entrainements, rendez-vous au **chapitre 402.**

Si vous préférez en profiter pour augmenter vos entrainements, rendez-vous au **chapitre 420.**

380

Vous relancez légèrement votre allure et parvenez à prendre la foulée des trois coureurs partis quelques secondes plus tôt.

Malheureusement, vous sentez la soif arriver à cause de votre refus de prendre à boire lors du dernier ravitaillement et vous vous dites que vous avez pris la mauvaise décision. Mais il est trop tard pour revenir en arrière et vous devez trouver une solution. C'est alors que vous voyez un spectateur vous tendre une bouteille.

Si vous décidez de la prendre, rendez-vous au **chapitre 247.**

Si vous préférez ne pas la prendre, rendez-vous au **chapitre 86.**

381

Vous accélérez et laissez derrière vous vos nouveaux amis de course sans même leur avoir dit aurevoir. Mais vous avez été trop présomptueux de votre forme et vous n'arrivez pas à encaisser votre changement de rythme. Vous êtes contraint de ralentir.

Quelques instants plus tard, vous vous faites doubler par votre groupe. Les coureurs vous encouragent à rester avec eux mais vous n'êtes plus capable de tenir leur vitesse.

Vous finissez les dernières minutes de course seul, décroché.

Vous arrivez dans la dernière ligne droite, rendez-vous au **chapitre 313.**

382

Vous vous accrochez à la foulée d'un des coureurs et vous êtes agréablement surpris de constater que vous êtes encore capable de tenir son allure.

Au bout de quelques minutes, vous avez même le sentiment que le groupe ne va pas assez vite pour vous. Vous vous sentez très bien.

Si vous décidez d'en profiter pour accélérer, rendez-vous au **chapitre 239.**

Si vous préférez ralentir pour retrouver votre allure habituelle, rendez-vous au **chapitre 98.**

383

Vous franchissez la ligne d'arrivée en 1h58. Vous battez le record du monde. Votre nom sera à jamais gravé dans l'histoire du marathon.

Dans les jours qui suivent, vous êtes attristé de constater que ce que l'histoire retiendra sera plus votre geste égoïste face à un concurrent en détresse. Sur les réseaux sociaux, la vidéo de votre regard vers ce coureur passe en boucle, les commentaires vous fustigent de ne pas avoir de moral.

Quoi qu'il en soit, vous êtes parvenu à courir en moins de 2h, mais à quel prix ? Vous ne pouvez plus sortir de chez vous sans vous faire conspuer.

C'est une victoire amère…

384

Vous choisissez quelques aliments qui vous donnent envie sur la table de ravitaillement. Vous prenez le temps de manger. Cela vous fait du bien et vous repartez confiant pour la deuxième partie de course. Quelques kilomètres plus loin, vous récupérez un gobelet d'eau sur une table de ravitaillement, même si vous n'êtes pas certain qu'il s'agisse d'un ravitaillement officiel.
Alors que vous avalez une gorgée d'eau, vous sentez que le meneur d'allure accélère progressivement.
Si vous décidez de le suivre, rendez-vous au **chapitre 156.**
Si vous préférez garder votre rythme actuel, rendez-vous au **chapitre 431.**

385

Vous lui dites que si votre respiration la gêne, c'est à elle de s'écarter ou d'accélérer. Vous restez à côté d'elle malgré son regard énervé.
Il ne vous reste plus qu'une poignée de kilomètres avant l'arrivée. Tout votre corps est en souffrance mais vous résistez voulant atteindre les 42km avec la première féminine.
Mais les coureurs l'accompagnant vous font comprendre que vous devez la laisser seule pour les derniers kilomètres afin qu'elle soit mise en avant par les médias.
Vous vous rendez compte que vous n'êtes pas capable d'accélérer.
Si vous décidez de rester avec elle malgré la pression des autres coureurs, rendez-vous au **chapitre 422.**
Si vous préférez ralentir pour la laisser profiter de sa victoire, rendez-vous au **chapitre 140.**

386

Vous laissez vos écouteurs dans votre poche pour vous concentrer pleinement sur votre course et vos sensations. Vous voulez rester avec le meneur d'allure sans être dérangé par des éléments extérieurs comme de la musique.

Rendez-vous au **chapitre 57**.

387

Vous vous arrêtez et vous vous asseyez rapidement pour retirer votre chaussure. Vous cherchez ce caillou qui vous empêche de courir normalement, mais vous ne trouvez rien. Au bout de quelques instants, vous comprenez que ce caillou était sur votre chaussette.

Vous pouvez enfin repartir mais le temps perdu est trop important pour espérer rattraper le groupe de tête.

Votre moral en prend un coup et vous ne parvenez pas à courir au même rythme qu'avant votre arrêt.

Vous vous faites doubler par des dizaines de coureurs jusqu'à ce que la première féminine vous rattrape, accompagnée d'un groupe de coureurs. Vous vous dites que c'est peut-être le moment de réagir.

Si vous choisissez de prendre sa foulée, rendez-vous au **chapitre 214**.

Si vous préférez accélérer pour repartir sur un rythme plus rapide, rendez-vous au **chapitre 65**.

388

Vous repartez sans attendre le meneur mais sans son allure de métronome vous vous sentez un peu perdu et ne savez pas à quelle vitesse courir.

Vous continuez ainsi pendant quelques kilomètres. Finalement, vous trouvez un groupe qui semble avoir la même allure que vous.

Au bout de quelques minutes où vous discutez un peu avec les autres concurrents, un des coureurs vous demande, en vous tendant son smartphone, si vous voulez bien le prendre en photo en courant.

Si vous acceptez, rendez-vous au **chapitre 357**.

Si vous refusez, rendez-vous au **chapitre 14**.

389

PAN !

Le départ est donné.

Vous commencez à courir mais vous n'êtes pas serein. Vous avez conscience que vous n'apparaitrez pas sur les résultats. Par conséquent, il vous sera impossible de montrer votre chrono à Stéphane et lui prouver que vous avez bien couru ce marathon.

Au bout de quelques kilomètres, empreints de doutes, vous décidez de vous arrêter, que tout cela n'a aucun sens.

Votre marathon s'arrête là.

390

Le mardi suivant, vous arrivez au stade d'athlétisme le plus proche de chez vous pour faire la connaissance du club auquel vous allez vous inscrire. Vous êtes reçu par le président, Pierre, et une fois évoqué votre objectif de courir un marathon (pour l'instant, vous gardez pour vous, votre projet de record du monde), il vous toise de la tête au pied et vous demande :

« Tu es en tenue de course là ? »

Vous vous regardez ne comprenant pas la subtilité de la question.

« Euh, oui.

- Alors, il va falloir penser à investir dans de nouvelles chaussures de course ! »

Vous regardez vos pieds. Vous portez vos vieilles chaussures de sport qui datent du lycée mais dans lesquels vous vous sentez bien.

En rentrant chez vous, vous vous demandez quel type de chaussures vous allez acheter :

Si vous voulez acheter le modèle de running le plus cher que vous pouvez trouver car il faut bien ça pour battre un record du monde, rendez-vous au **chapitre 100.**

Si vous vous dites que vos chaussures actuelles sont suffisantes car ce n'est pas la chaussure qui fait le coureur, rendez-vous au **chapitre 328.**

391

Vous diminuez votre vitesse progressivement. Vous n'allez plus très vite mais vous sentez votre mollet se détendre et c'est l'essentiel. Vous gardez cette allure pendant plusieurs minutes pour ne pas que la tension au mollet ne se ravive.

Vous n'apercevez plus le meneur d'allure 4h30 devant vous. Lorsque vous vous retournez, vous voyez le meneur 5h juste derrière vous.

Au moment où il vous rattrape, vous vous calez à son rythme, juste avant le semi-marathon.

Rendez-vous au **chapitre 155.**

392

En arrivant au ravitaillement, vous ne savez pas quoi prendre devant tout le choix proposé. Vous vous rappelez alors que vous avez des gels énergétiques dans votre poche.

Si vous décidez de prendre le ravitaillement proposé par l'organisation, rendez-vous au **chapitre 55.**

Si vous préférez avaler un de vos gels, rendez-vous au **chapitre 282.**

393

Vous continuez en restant à gauche et malgré vos efforts pour apercevoir votre ami, votre regard ne se pose que sur des visages inconnus.

Les kilomètres suivants, vous n'arrivez pas à vous reconcentrer sur votre course. Vous culpabilisez de ne pas avoir fait l'effort d'aller voir votre ami. Vous vous dites qu'il s'est déplacé rien que pour venir vous encourager. Vous vous en voulez et ralentissez progressivement, laissant des dizaines de coureurs vous doubler sans réagir.

Il ne vous reste plus qu'une poignée de kilomètres avant l'arrivée.

Si vous décidez de forcer dans les derniers kilomètres et vous mettre en souffrance, rendez-vous au **chapitre 346.**

Si vous préférez finir aux sensations pour ne pas finir dans la douleur, rendez-vous au **chapitre 67.**

394

Au bout de quelques jours de repos, la douleur au mollet a complétement disparu.

Vous reprenez votre entrainement normalement.

Au fil des séances, vous vous sentez de mieux en mieux et vous demandez à votre entraineur d'augmenter le nombre d'entrainement.

Si vous décidez d'ajouter deux entrainements par semaine, rendez-vous au **chapitre 236.**

Si, finalement, vous voulez garder le même nombre d'entrainement par semaine, rendez-vous au **chapitre 267.**

395

Même si vos sensations sont exceptionnelles, vous préférez jouer la prudence et rester dans le groupe de coureurs mené par le meneur d'allure 3h30.

En arrivant au semi-marathon, vous sentez que l'effet du gel commence à s'estomper.

Rendez-vous au **chapitre 147.**

396

Vous contactez Pat Marathonien qui vous répond rapidement pour vous distiller ses précieux conseils.

Vous commencez donc le lendemain par une séance de 15x400m à fond avec 1' de récupération pendant laquelle vous devez faire des burpees « pour travailler la vitesse et le renforcement musculaire en même temps » comme vous l'a dit votre nouveau coach.

Vous rentrez chez vous, exténué, après avoir réussi seulment 4x400m mais sans les burpees. Vous ressentez une douleur aux ischios-jambiers.

Rendez-vous au **chapitre 223.**

397

Vous continuez votre semaine d'entrainement comme elle était prévue. Les sensations sont toujours aussi bonnes et le moral est au beau fixe. Vous êtes de plus en plus certain de pouvoir battre ce record du monde !

Mais pour cela, vous savez qu'il vous reste encore du chemin à faire.

Si vous décidez d'augmenter vos entrainements, rendez-vous au **chapitre 91.**

Si vous choisissez de continuer à suivre votre plan d'entrainement, rendez-vous au **chapitre 9.**

Si vous préférez diminuer légèrement votre charge d'entrainement, rendez-vous au **chapitre 74.**

398

Vous vous endormez en vous préparant psychologiquement à courir les 42km la vielle de votre marathon. Durant la nuit, vous rêvez que vous parcourez cette distance sans difficulté.

Au réveil, vous avez l'agréable sensation d'avoir réellement fait l'entrainement, vous vous sentez mieux préparé mais sans le désagrément de la fatigue et des courbatures.

Vous comprenez que ce rêve était un entrainement suffisant et vous décidez de ne pas aller courir aujourd'hui.

Rendez-vous au **chapitre 172** pour le départ de votre vrai marathon.

399

Vous accélérez pour vous accrocher au groupe de coureurs qui vient de vous dépasser. La différence de vitesse est plus importante que vous ne pensiez et vous sentez rapidement que vous êtes en train de vous mettre dans le rouge.

Vous êtes obligé de ralentir pour pouvoir ralentir et laissez partir devant vous les coureurs avec qui vous étiez.

D'autres coureurs vous doublent mais vous n'êtes pas capable de résister.

Au bout de quelques kilomètres, vous vous rendez compte qu'un de vos lacets est défait.

Si vous décidez de vous arrêter pour le refaire, rendez-vous au **chapitre 124.**

Si vous préférez ne pas vous arrêter, rendez-vous au **chapitre 125.**

400

Vous maintenez votre rythme actuel. Même si vous avez mal aux jambes et que chaque foulée devient de plus en plus lourde, votre effort n'est pas maximal. Vous parvenez à profiter des tous derniers kilomètres, à apprécier chaque minute.

Vous arrivez dans la dernière ligne droite, le sourire aux lèvres.

Rendez-vous au **chapitre 292.**

401

Vous acceptez et parvenez à monter à 3 sur la moto, sans casque…

Le motard vous fait remonter en doublant des centaines de coureurs. Il vous dépose à seulement deux kilomètres de l'arrivée. Vous le remerciez et prenez immédiatement la foulée d'un des coureurs autour de vous.

Grâce à cette pause qui vous a permis de récupérer, vous terminez avec de bonnes sensations.

Vous arrivez dans la dernière ligne droite, rendez-vous au **chapitre 193.**

402

La semaine de récupération que vous vous êtes octroyée vous a fait du bien. Vous aviez tout de même prévu d'aller trottiner mais finalement vous n'y êtes même pas allé, vous n'aviez pas envie de courir.

Vous revenez de ces vacances, démotivé, cette coupure vous a éloigné psychologiquement de votre objectif, vous n'avez plus l'envie de vous faire mal à l'entrainement pour préparer ce marathon.

Vous vous forcez à aller courir mais vous n'avez plus le même rythme de course seulement quelques semaines avant l'événement.

Stéphane vous appelle pour vous dire qu'il s'est inscrit au semi-marathon qui se déroule dans votre ville une semaine avant votre objectif. Il compte bien vous y retrouver pour vous battre.

Si vous décidez de vous y inscrire pour vous remotiver et pour montrer à votre ami ce dont vous êtes capable, rendez-vous au **chapitre 139.**

Si vous décidez d'y participer mais seulement en tant qu'entrainement, rendez-vous au **chapitre 365.**

Si vous préférez décliner son invitation, rendez-vous au **chapitre 428.**

403

Vous passez la ligne d'arrivée, heureux d'en terminer.

Vous regardez votre chrono : 5h08.

Vous vous dites que vous pourrez faire mieux la prochaine fois en évitant tous les pièges de la préparation et de la course !

404

Vous courez pour retourner dans le bar. Arrivé sur place, vous voyez immédiatement votre dossard sur le comptoir. Vous le récupérez en remerciant votre papier et repartez en courant.

Vous reprenez votre place complétement à l'arrière du peloton, par faute de place, quelques secondes avant le départ.

PAN !

La course est lancée.

Si vous décidez de slalomer pour reprendre une place plus convenable, rendez-vous au **chapitre 430.**

Si vous préférez rester derrière et courir à votre rythme, rendez-vous au **chapitre 46.**

405

Vous vous tournez dans sa direction pour lui faire signe et lui sourire. Malheureusement, vous ne regardez plus devant vous et ne pouvez éviter un trou dans la chaussée. Vous sentez un craquement dans votre cheville gauche.

Lorsque vous tentez de vous relever, aidé par deux autres coureurs, vous comprenez que vous ne pourrez pas vous appuyer sur votre cheville blessée.

Votre course s'arrête là et vous repartez directement avec votre femme.

406

Vous passez à côté des tables de ravitaillement sans rien prendre. Vous constatez d'ailleurs qu'aucun coureur élite ne s'est ravitaillé ici.

Vos sensations, pour l'instant, sont bonnes, même si vous vous doutez que c'est tout à fait normal au bout de seulement quelques kilomètres.

Quelques minutes plus tard, vous arrivez déjà au 10e km. Vous regardez votre montre, vous êtes bien sur les allures fixées par les lièvres : 2h03 au marathon.

De nouveau un ravitaillement se présente devant vous.

Si vous décidez de prendre quelque chose sur une des tables, rendez-vous au **chapitre 392.**

Si vous préférez ne rien prendre, rendez-vous au **chapitre 218.**

407

Vous sortez le téléphone de votre poche et décrochez. C'est votre mère.

Elle vous appelle pour prendre de vos nouvelles car cela fait quelques jours que vous ne l'avez pas appelé et elle commençait à s'inquiéter. De toute évidence, elle a oublié que vous aviez un marathon aujourd'hui. Comme à son habitude, elle est très bavarde. Cela fait maintenant quelques minutes qu'elle vous parle de sa voisine qui vient d'acheter une nouvelle voiture.

Si vous décidez de lui raccrocher au nez, rendez-vous au **chapitre 133.**

Si vous préférez ne pas raccrochez pour continuer cette conversation, rendez-vous au **chapitre 170.**

408

Vous accélérez de plus en plus. Vous avez l'impression que votre cœur va sortir de votre cage thoracique, que vos muscles vont exploser mais vous êtes porté par les applaudissements des spectateurs et par cette dernière ligne droite tant attendue.

Vous franchissez l'arrivée, rendez-vous au **chapitre 342.**

409

Vous vous faufilez parmi les coureurs pour réussir à vous extirper du sas.

Vous trouvez rapidement des toilettes mais il y a une dizaine de personnes qui attendent leur tour. Etonnamment, vous vous retrouvez dans les toilettes seulement cinq minutes après.

Vous ressortez léger, libéré et revenez vous placer sans problème aux côtés du meneur d'allure 4h.

PAN !

Le départ est donné alors que vous venez de revenir.

Vous arrivez à prendre votre allure de course quelques minutes plus tard, une fois que la foule de coureurs s'est étirée.

Dans votre poche, vous avez amené de quoi écouter de la musique.

Si vous décidez de vous en servir, rendez-vous au **chapitre 250.**

Si vous préférez ne pas l'allumer, rendez-vous au **chapitre 386.**

410

Vous ravalez votre colère et continuez de courir près de lui pour le surveiller.

Quelques minutes plus tard, vous êtes heureux de voir qu'il craque à ce rythme et s'arrête. Vous vous retournez suffisamment longtemps pour le voir s'assoir et retirer son dossard : il abandonne. Vous vous reconcentrez sur votre course avec un petit sourire.

Lorsque vous arrivez au 35ᵉ km, un coureur à côté de vous fait un malaise.

Si vous décidez de l'aider, rendez-vous au **chapitre 90.**

Si vous préférez continuer de courir, rendez-vous au **chapitre 116.**

411

Vous accélérez et vous sentez vos jambes courir toutes seules. La sensation est très agréable, vous n'avez pas l'impression de forcer.

Vous revenez sur le meneur d'allure 4h au bout de quelques minutes.

Rendez-vous au **chapitre 57.**

412

Vous vous arrêtez sur le bord du parcours et enlevez votre chaussure. Vous cherchez le caillou mais vous avez des difficultés pour le trouver. Il vous faut un temps qui vous parait interminable pour enfin trouver ce qui vous gênait et le jeter sur le sol. Vous remettez votre chaussure avant de repartir.

Vous avez perdu le contact avec le meneur d'allure 3h30.

Vous arrivez sur un boulevard où vous croisez, de l'autre côté de la route, des coureurs, dans l'autre sens, qui ont du retard sur vous. C'est alors que vous observez un coureur qui coupe pour vous rejoindre.

Si vous décidez de dire à ce tricheur de repartir de son côté, rendez-vous au **chapitre 150.**

Si vous préférez ne rien dire, rendez-vous au **chapitre 107.**

413

Vous vous calez sur le rythme que vous avez travaillé à l'entrainement : celui de 2h au marathon sans vouloir absolument rattraper le groupe de tête.

Au bout de quelques minutes, vous vous apercevez que vous êtes en train de grignoter mètre après mètre la distance qui vous sépare des lièvres.

Finalement, vous revenez sur eux juste après le 10ᵉ km. Vous vous sentez bien, la foulée légère et n'avez pas eu l'impression de forcer pour être en tête.

Si vous décidez de garder le même rythme et donc de dépasser les lièvres, rendez-vous au **chapitre 258.**

Si vous préférez rester dans la foulée des lièvres, rendez-vous au **chapitre 59.**

414

Vous résistez pour ne pas aller voir votre fan et continuez de courir en regardant devant vous.

Mais plus vous vous éloignez de cette personne, plus vous sentez que vous allez regretter votre choix de ne pas aller à sa rencontre.

Si vous décidez de faire demi-tour pour aller la voir, rendez-vous au **chapitre 246.**

Si vous préférez continuer de courir, rendez-vous au **chapitre 80.**

415

Vous continuez d'écouter de la musique. Votre chanson préférée résonne dans vos oreilles, vous êtes porté par cette musique. Mais vous ne voyez pas le trou dans la chaussée. Votre cheville s'y coince et vous l'entendez craquer. Vous tombez lourdement au sol et êtes pris en charge par les secours.

Votre marathon s'arrête là.

416

Tout en courant, vous rentrez vos doigts dans votre ventre. Mais malgré vos efforts, le point de côté ne disparait pas, il s'amplifie même. Vous ralentissez, finissant même pas marcher tant la douleur ne vous permet plus de courir. Il vous faut quelques minutes pour que le point de côté disparaisse complétement.

Alors que vous repartez en courant, vous sentez que vous avez la tête qui tourne.

Si vous décidez de marcher de nouveau, rendez-vous au **chapitre 216.**

Si vous préférez continuer de courir, rendez-vous au **chapitre 372.**

417

Vous terminez la séance à l'allure prévue. Vous ne ressentez pas de fatigue musculaire et vous êtes un peu frustré de ne pas avoir testé votre potentiel sur cet entrainement.

Les semaines passent et vous ressentez vos progrès au fil des entrainements.

Mais ce soir, vous recevez un message d'un de vos amis qui vous invite à une grosse soirée la veille du marathon. Cela vous tente bien mais la date est mal choisie.

Si vous choisissez d'aller à la soirée et de profiter au maximum de l'ambiance, rendez-vous au **chapitre 294.**

Si vous décidez d'y aller mais de ne pas boire d'alcool et de rentrer tôt, rendez-vous au **chapitre 33.**

Si vous préférez ne pas y aller, rendez-vous au **chapitre 361.**

418

Vous vous renversez le gobelet de droite sur la tête. L'eau rafraichissante qui coule le long de votre nuque vous fait du bien.

Vous vous sentez, soudain, plus léger, prêt à affronter la fin de la course !

Quelques kilomètres plus loin, vous arrivez à un endroit où vous croisez des coureurs, de l'autre côté de la route, qui semblent avoir de l'avance sur vous.

Si vous décidez de les rejoindre pour couper, rendez-vous au **chapitre 443.**

Si vous préférez ne pas couper, rendez-vous au **chapitre 192.**

419

En buvant le contenu de la bouteille, vous comprenez qu'il ne s'agit pas d'eau. Le goût est bizarre mais vous en avez déjà bu quelques gorgées.

Votre estomac n'apprécie pas du tout ce que vous venez d'avaler et vous le fait savoir.

Quelques instants plus tard, vous avez la nausée et vous vous arrêtez plusieurs fois pour vomir.

Vos sensations s'aggravent progressivement et vous préférez vous arrêter auprès des secours pour qu'ils vous soignent.

Votre marathon s'arrête là.

420

Vous utilisez ces quelques jours de vacances pour planifier des entrainements biquotidiens. Entre ces entrainements, vous en profitez pour vous reposer et même vous octroyer quelques siestes.

Vous sortez de cette semaine de vacances en grande forme et vous ne ressentez pas de fatigue particulière. Vous vous dites que votre objectif de moins de 2h au marathon est à portée de mains.

C'est alors qu'un soir, vous recevez l'appel de votre meilleur ami qui vous apprend qu'il va se marier. Quelle joie !

Mais vous blêmissez lorsqu'il vous donne la date de son mariage : ce sera la veille de votre marathon.

Vous prenez quelques jours de réflexion avant de lui donner votre réponse.

Si vous décidez de ne pas aller au mariage pour vous consacrer pleinement à votre marathon, rendez-vous au **chapitre 115.**

Si vous choisissez d'y aller en vous faisant la promesse de ne pas boire d'alcool et de rentrer tôt, rendez-vous au **chapitre 260.**

Si vous voulez profiter à fond du mariage de votre meilleur ami en rentrant tard et en picolant, rendez-vous au **chapitre 146.**

421

Vous acceptez de répondre aux questions du journaliste, filmé en direct pour la télévision française. Vous sentez une certaine fierté, c'est votre moment de gloire !

Une fois la moto repartie, vous sentez que cette interview vous a boosté.

Sans vous en rendre compte, vous avez accéléré et laissé le meneur d'allure derrière vous.

Quelques kilomètres plus tard, vous vous rappelez qu'un ami doit venir vous voir au 35e km, sur le côté droit. Vous voyez le panneau du 35ᵉ km devant vous, mais vous êtes à gauche.

Si vous décidez de couper brusquement à droite, rendez-vous au **chapitre 221.**

Si vous préférez continuer de courir en restant à gauche tout en essayant d'apercevoir votre ami, rendez-vous au **chapitre 149.**

422

Vous insistez et ne vous écartez pas de la coureuse malgré sa demande.

Alors qu'il ne reste plus que 500m, la première féminine accélère et vous parvenez à tenir sa foulée. La foule est en délire, ses encouragements vous portent. Vous avez l'impression que tous ces applaudissements sont pour vous.

Quelques mètres avant la ligne d'arrivée, vous levez les bras, aux côtés de votre partenaire de course, comme si vous aviez gagné le marathon !

Rendez-vous au **chapitre 324.**

423

Vous lui annoncez que vous vous êtes trop investi dans ce marathon pour tout laisser tomber à quelques semaines de l'épreuve. Sans hésiter, elle fait ses valises et part.

Elle laisse un grand vide derrière elle et vous n'arrivez pas à penser à autre chose qu'à elle. Il vous est impossible d'aller courir, l'objet de votre séparation. Vous tombez dans une profonde déprime.

Votre préparation marathon s'arrête là.

424

Vous continuez sur le même rythme d'entrainement et vous vous absentez de plus en plus de chez vous pour aller courir.

Cela ne plait pas à votre compagne qui vous le fait savoir.

« Soudainement, tu te trouves une passion pour la course à pied, tu pars courir de plus en plus longtemps et quand tu es là, tu parles course à pied, tu penses course à pied…tu n'es plus vraiment là ! Cette situation n'est plus possible. Tu dois choisir : soit c'est moi, soit c'est la course à pied. »

Ses mots vous laissent silencieux. Vous ne savez pas quoi répondre. Vous prenez quelques instants pour y réfléchir alors que votre compagne trépigne de colère à l'idée que vous puissiez hésiter.

Si vous choisissez d'arrêter la course à pied, rendez-vous au **chapitre 226.**

Si vous préférez continuer votre objectif marathon, rendez-vous au **chapitre 35.**

425

Vous passez la ligne d'arrivée, heureux d'en terminer.

Vous regardez votre chrono : 3h42.

Vous vous dites que vous pourrez faire mieux la prochaine fois en évitant tous les pièges de la préparation et de la course !

426

Vous vous arrêtez et trouvez rapidement un arbre, avec peu de spectateurs autour, derrière lequel vous soulager.

Vous revenez dans la foule des coureurs et accélérez pendant quelques secondes pour retrouver la foulée du meneur d'allure.

Rendez-vous au **chapitre 57.**

427

Le médecin n'est qu'à un kilomètre de chez vous et vous décidez d'y aller à pied.

En regardant vos notifications sur votre smartphone, vous ne voyez par le bord du trottoir. Vous vous tordez violemment la cheville. La douleur est fulgurante. Vous êtes obligé de finir votre trajet en boitant.

Votre médecin vous diagnostique une élongation au mollet mais c'est votre cheville qui l'inquiète le plus, elle a doublé de volume. Vous devrez vous déplacer plusieurs jours avec des béquilles et votre projet de marathon tombe à l'eau.

Votre aventure s'arrête là.

428

Vous restez chez vous le jour du semi-marathon et réalisez, comme prévu, la séance de votre programme d'entrainement.

Dans l'après-midi, vous recevez un appel de Stéphane qui vous nargue de ne pas être venu courir avec lui. Mais vous savez que le réel objectif est le marathon et vous voulez être préparé au mieux pour cette course.

Mais le fait de ne pas être allé courir vous fait douter de votre objectif de battre le record du monde du marathon.

Vous prenez la décision que vous prendrez le départ pour réaliser la meilleure performance mais en oubliant ce rêve de courir sous les 2h. Rendez-vous au **chapitre 172** pour le début du marathon.

429

Dans la dernière ligne droite, la foule vous porte, appréciant que les deux premiers français de la course terminent ensemble.

Vous franchissez la ligne d'arrivée, main dans la main.

Vous vous allongez au sol, épuisé. Vous regardez le chrono de l'organisation au-dessus de votre tête.

Vous avez terminé en 2h12.

430

Vous accélérez et commencez à slalomer parmi les coureurs plus lents que vous. Vous poussez légèrement avec les épaules et les coudes mais vous trébuchez en vous prenant les pieds dans les jambes d'un autre coureur. Vous tombez au sol.

Vous vous relevez mais il vous faut plusieurs minutes pour récupérer complétement et pouvoir recourir normalement. Apparemment, vous n'avez aucune blessure.

En vous retournant, vous voyez la voiture balai, vous comprenez alors que vous êtes dernier.

Si vous décidez de rester derrière, rendez-vous au **chapitre 46.**

Si vous préférez accélérer pour vous éloigner de la voiture balai, rendez-vous au **chapitre 117.**

431

Vous laissez le meneur partir devant vous. Vous êtes surpris de son allure qui ne semble pas correspondre à sa vitesse cible pour courir en 5h.

Quelques minutes plus tard, à votre grand étonnement, vous voyez le meneur arrêté sur le bord de la route, en train d'enlever son drapeau. Il semble abandonner la course.

Vous êtes alors dans un groupe de coureurs avec qui vous vous entendez bien, dont un en particulier qui vous propose de continuer de courir avec lui. L'allure vous convient parfaitement et vous continuez, avec plaisir, de discuter avec lui.

Mais au bout de quelques kilomètres, vous sentez que son allure diminue progressivement.

Si vous décidez de rester avec lui, rendez-vous au **chapitre 138.**

Si vous préférez accélérer pour le laisser seul, rendez-vous au **chapitre 237.**

432

Vous accélérez et laissez derrière vous le meneur d'allure 3h ainsi que des dizaines de coureurs.

Vous n'avez pas envie d'être en retard dès le 10e km car vous vous dites que ce sera trop difficile de rattraper les minutes perdues en fin de course.

Lorsque vous arrivez au 15e km, vous êtes maintenant largement en avance sur les allures de 3h au marathon mais vous sentez que vous avez trop puisé dans cette première partie de course et votre état de fatigue est déjà bien avancé.

Si vous décidez de ralentir, rendez-vous au **chapitre 123.**

Si vous préférez maintenir votre allure actuelle pour gagner un maximum de temps, rendez-vous au **chapitre 445.**

433

Vous prenez un gobelet au hasard et avalez son contenu. Vous découvrez une boisson sucrée très agréable qui vous donne un coup de fouet. C'était exactement ce dont vous aviez besoin.

Il ne vous reste plus que 5km avant l'arrivée et vous avez de bonnes sensations.

Si vous décidez d'accélérer, rendez-vous au **chapitre 76.**

Si vous préférez garder votre rythme actuel, rendez-vous au **chapitre 358.**

434

Vous repartez en laissant votre nouvel ami, seul dans sa douleur.

Vous vous dites que vous le reverrez sans doute après l'arrivée.

Maintenant, chaque foulée devient de plus en plus difficile. Chaque appui devient un réel effort.

A quelques kilomètres de l'arrivée, vous sentez un caillou dans votre chaussure qui vous dérange de plus en plus.

Si vous décidez de vous arrêter pour l'enlever, rendez-vous au **chapitre 273.**

Si vous préférez enlever votre chaussure et courir pieds nus, rendez-vous au **chapitre 5.**

435

Vous passez la ligne d'arrivée, heureux d'en terminer. Vous remettez directement votre chaussure avant de vous asseoir sur le trottoir.

Vous regardez votre chrono : 4h52.

Vous vous dites que vous pourrez faire mieux la prochaine fois en évitant tous les pièges de la préparation et de la course !

436

Vous marchez pour faire passer votre point de côté. Au bout de quelques minutes, vous ne ressentez plus rien mais vous vous sentez si bien à marcher que vous n'avez plus envie de repartir courir.

Vous perdez beaucoup de temps et il faut attendre que le meneur d'allure 5h vous dépasse pour que vous trouviez suffisamment de volonté pour vous accrocher à sa foulée.

Le rythme est plus lent que ce que vous imaginiez et vous en profitez pour discuter avec les coureurs autour de vous.

Alors que vous vous entendez très bien avec un des concurrents, il vous propose de continuer de courir ensemble, jusqu'à l'arrivée, mais vous sentez qu'il commence à ralentir.

Si vous décidez de rester avec lui, rendez-vous au **chapitre 138.**

Si vous préférez accélérer pour le laisser seul, rendez-vous au **chapitre 237.**

437

Vous passez la ligne d'arrivée, heureux d'en terminer.

Vous regardez votre chrono : 4h13.

Vous vous dites que vous pourrez faire mieux la prochaine fois en évitant tous les pièges de la préparation et de la course !

438

Vous sortez du sas et trouvez rapidement un arbre contre lequel vous soulager. Les personnes autour vous regardent d'un air dégouté mais vous vous en fichez. Au moins, vous vous sentez plus léger et libéré.

Vous revenez vers le sas 3h, mais le nombre de coureurs a augmenté en seulement une poignée de minutes et il vous est maintenant impossible d'y rentrer.

Vous devez vous faufiler dans le sas 3h30 pour trouver une place au départ.

Rendez-vous au **chapitre 56.**

439

Vous vous levez tôt le matin qui suit votre déplacement professionnel pour aller courir et enchainez le soir avec un nouvel entrainement.

Au bout de 2 jours, vous sentez de la fatigue mais vous vous dites que cela est normal et que tout rentrera dans l'ordre lorsque vous reprendrez votre entrainement normal.

Mais la 3e et dernière journée de votre entrainement biquotidien vous est fatale : une douleur au genou vous empêche de continuer votre séance matinale. Vous rentrez chez vous en marchant.

Rendez-vous au **chapitre 223.**

440

Vous revenez de cette semaine de vacances en pleine forme. Ce petit stage d'entrainement avec ce footing quotidien vous a fait beaucoup de bien.

Vous vous rendez compte que vous courez bien plus vite qu'il y a quelques semaines. Vous vous dites que vous seriez maintenant capable de performer lors de votre course.

Rendez-vous au **chapitre 172** pour le départ de votre marathon.

441

Après quelques semaines d'entrainement, vous vous sentez de plus en plus en forme sans douleur à l'horizon.

Vous prenez une semaine de vacances au bord de la mer, la météo s'annonce clémente.

Si vous décidez d'aller faire un footing tous les matins le long de la plage, rendez-vous au **chapitre 440.**

Si vous choisissez de profiter des vacances pour vous reposer, rendez-vous au **chapitre 6.**

Si vous préférez garder le même rythme d'entrainement, rendez-vous au **chapitre 224.**

442

A 50m de l'arrivée, vous vous retournez. Vous avez pris 5 mètres d'avance sur votre concurrent. Vous maintenez votre accélération jusqu'à la ligne d'arrivée.

Une fois la ligne franchie, vous n'avez pas le temps de regarder votre chrono que vous vous écroulez. Votre cerveau vous insulte, votre cœur hurle et vos muscles agonisent. Il vous faudra plusieurs minutes et l'aide des secours pour réussir à vous redresser.

Vous regardez votre montre mais vous ne l'avez pas arrêté.

Il vous faudra attendre la publication des résultats pour savoir que vous avez couru en 2h10.

443

Vous traversez le boulevard pour arriver de l'autre côté de la route où vous intégrez un groupe de coureurs. Le rythme de course est complétement différent et vous vous mettez rapidement dans le rouge. Vous passez alors le panneau du 41e km.

Vous finissez le dernier kilomètre en suffoquant pour pouvoir tenir avec ces coureurs.

Vous passez la ligne d'arrivée en 2h16.

Vous montrez à tous vos contacts les résultats du marathon où vous apparaissez avec ce chrono. Mais quelques jours plus tard, votre nom disparait et vous recevez un mail vous expliquant que vous avez triché car vous n'êtes pas passé sur des points de contrôle disposés sur la course.

Tous vos contacts vous tournent le dos, même votre compagne.

Vous vous retrouvez seul, avec votre honte !

444

Vous vous rapprochez d'une des tables de ravitaillement mais vous arrivez trop vite et vous trébuchez dans un des pieds de table. Vous vous écroulez sur la nourriture, renversant en même temps trois tables entières de ravitaillement.

Le temps de reprendre vos esprits, le groupe de leader est quelques dizaines de mètres devant vous. Vous vous redressez, vous ne ressentez aucune douleur particulière.

Si vous décidez d'accélérer pour rattraper rapidement le groupe devant vous, rendez-vous au **chapitre 47.**

Si vous préférez garder le rythme que vous vous étiez fixé, en espérant revenir plus tard sur les coureurs élites, rendez-vous au **chapitre 413.**

445

Vous maintenez votre vitesse actuelle mais 2km plus loin, vous ressentez brutalement vos jambes qui s'affaiblissent, comme si elles n'étaient plus capables de vous soutenir.

Vous ralentissez nettement et lorsque le meneur d'allure 3h vous double, vous vous rendez compte que vous n'êtes pas capable de prendre sa foulée. Dépité par cette constatation, vous vous mettez à marcher.

Devriez-vous abandonner et retenter votre chance une prochaine fois ? Vous vous dites que non, vous n'allez pas tourner la page après des semaines d'entrainement. Vous trouvez la force de repartir, mais doucement.

Au fil des minutes, vous sentez vos forces revenir. Quand le meneur d'allure 3h30 vous double, vous êtes capable de tenir son rythme. Rendez-vous au **chapitre 147.**

446

Vous maintenez votre effort avec cette inquiétude de brusquement perdre toutes vos forces. Mais au fil des minutes qui s'égrènent, vous vous rendez compte que vous êtes toujours capable de courir à la même vitesse.

Quelques kilomètres plus tard, votre téléphone, que vous avez emporté, sonne.

Si vous décidez de répondre, rendez-vous au **chapitre 118.**

Si vous préférez ne pas répondre, rendre-vous au **chapitre 188.**

Les classements de vos lectures

CHRONOS

Du même auteur :

Manuel du parfait petit triathlète
Un triathlon…mais à quel prix ?
140 conseils pour ne pas finir un triathlon
100 conseils pour ne pas finir un marathon
Un Triathlon dont Vous êtes le Héros
Le Code du Triathlon
Le Triathlon en BD : Tome 1 : Quand tu deviens triathlète

www.ValtresTriathlon.com

Retrouvez l'actualité de l'auteur sur Facebook :
https://www.facebook.com/valtres.tri

Sur Twitter :
@valtres_tri